Manuela Knott

Was Kinder zum Glücklichsein brauchen

Manuela Knott

Was Kinder zum Glücklichsein brauchen

Raus aus den ständigen Sorgen und Kämpfen Rein in die Familienharmonie

Trainerverlag

Imprint

Cover image: www.ingimage.com

Publisher:
Der Trainerverlag
is a trademark of
International Book Market Service Ltd., member of OmniScriptum Publishing Group
17 Meldrum Street, Beau Bassin 71504, Mauritius

Printed at: see last page
ISBN: 978-620-2-49457-1

Was Kinder zum Glücklichsein brauchen

MANUELA KNOTT

Dieses Buch ist meinen Eltern und meiner Familie gewidmet,

die mich gelehrt haben, was es wirklich heißt,

Eltern und Familie zu sein.

Und dir und deinem Kind/deinen Kindern.

Möge dir *Was Kinder zum Glücklichsein brauchen*

den Zugang zu deinem Kind/deinen Kindern eröffnen

und Harmonie und Freude in dein ganzes Leben bringen.

Daran liegt mir –

Deinetwegen und um der ganzen Welt willen.

Erzähle mir und ich vergesse.

Zeige mir und ich erinnere.

Lass es mich tun und ich verstehe.
(Konfuzius)

Inhaltsverzeichnis

VORWORT 6

DANKSAGUNG 7

PERSÖNLICHE WORTE 8

WARUM ICH DIESES BUCH GESCHRIEBEN HABE 8

INNERE MOTIVATION – SO FUNKTIONIERT ES ENDLICH 10

WERTSCHÄTZUNG, RESPEKT UND ANERKENNUNG 18

GEGENSEITIGER RESPEKT UND ANERKENNUNG 19
MEIN COACHING PROGRAMM 19

LOB 21

WAS LOB UND BELOHNUNG BEWIRKT 22
NACHTEILE VON LOB UND BELOHNUNG 22
VORTEILE VON LOB UND BELOHNUNG 23

AKTIVES ZUHÖREN 24

ICH-BOTSCHAFTEN 24

STRUKTUR IM TAGESABLAUF UND GEMEINSAME AKTIVITÄTEN 27

WARUM FESTE RITUALE UND STRUKTUR FÜR KINDER SO WICHTIG SIND 27
WAS SIND RITUALE? 27
WELCHE RITUALE GIBT ES IN DEINER FAMILIE? WELCHE FALLEN DIR EIN? 28
WIRD WIRKLICH JEDES RITUAL MIT FREUDE AUSGEFÜHRT ODER IST ES FÜR DEIN KIND EIN ZWANG? 28
WIE FÜHRST DU EIN RITUAL IN DEN TAGESABLAUF EIN? 29

SELBSTBEWUSSTSEIN – SICH SEINER SELBST BEWUSST SEIN 32

BEDINGUNGSLOSE LIEBE UND VERTRAUEN 36
WAS BEDEUTET BEDINGUNGSLOSE LIEBE? 36
VERTRAUEN 39
GEFÜHLE ZEIGEN DÜRFEN 42
WIE KANNST DU ALS ELTERNTEIL MIT DIESEN GEFÜHLEN DEINES KINDES GUT UMGEHEN? 44
HELFEN UND TEILEN DÜRFEN 47
PARTIZIPATION: WARUM MITBESTIMMUNG SO WICHTIG IST 49
RICHTIGER AUSGLEICH VON ANSPANNUNG UND ENTSPANNUNG 51
WARUM FREIE SPIELZEIT SO WICHTIG IST 51
WAS HEIẞT FREIES SPIEL GENAU? 52
WARUM BEWEGUNG SO WICHTIG IST 54
UMARMUNG 56
WARUM SIE FÜR DIE SEELISCHE GESUNDHEIT DEINES KINDES SO WICHTIG IST 56
GESUNDES ESSEN 57
GRENZEN SETZEN UND GRENZEN WAHREN 60
GRENZEN SETZEN 60
GRENZEN WAHREN 63
SCHUTZ VOR KÖRPERLICHER UND GEISTIGER GEWALT 63
TOLERANTER UMGANG MITEINANDER 66
WAS BEDEUTET TOLERANT SEIN? 66
RICHTIGES MAß VON „FESTHALTEN" UND „LOSLASSEN" 68
BINDUNG UND AUTONOMIE 68

POSITIVES SELBSTBILD 71

ENTWICKLUNG POSITIVER GLAUBENSSÄTZE 71

ABSCHLUSS 74

DAS ERGEBNIS EINER UMFRAGE MIT KINDERN, WAS SIE ZUM GLÜCKLICHSEIN BRAUCHEN 74
WAS MACHT DICH GLÜCKLICH? 74

ÜBER DIE AUTORIN 76

LITERATURVERZEICHNIS UND QUELLEN AUS DEM INTERNET 77

HAFTUNGSAUSSCHLUSS 78

Vorwort

Zuallererst möchte ich mich bei Manuela Knott bedanken, dass ich für dieses wundervolle und einzigartige Buch die Ehre erhalten habe, das Vorwort verfassen zu dürfen!

Manuela Knott hat die einzigartige Gabe, die Sprache der Kinder zu verstehen. Sie spürt sie, nimmt jedes Kind einzeln wahr, kann dadurch jedes Kind dort abholen, wo es sich gerade befindet, und bedürfnisgerecht agieren.

Diese Gabe, die sie in sich trägt, allein durch ihr Sein zu wirken, die Kinder glücklich zu machen, spiegelt sich in diesem wunderbaren Büchlein wider.

Ihr großes Herz für Kinder treibt sie immer wieder an noch besser zu werden in dem, was sie tut, um den Kindern und Familien noch mehr Hilfe und Unterstützung bieten zu können.

Dieses praxisnahe Buch ermöglicht es Ihnen, selbst eine bessere Beziehung zu Ihren Kindern aufzubauen. Sie besser verstehen zu lernen, ihre Bedürfnisse zu erkennen und gut darauf eingehen zu können. Denn es gibt nichts Schöneres, als in strahlende Kinderaugen blicken zu dürfen.

Wenn Sie bei sich zu Hause immer wieder an Ihre Grenzen kommen oder gefordert sind im Umgang mit Ihren Kindern, werden Ihnen auf den folgenden Seiten wundervolle Lösungsmöglichkeiten sowie Strategien vorgestellt, um zu Hause wieder Harmonie einkehren zu lassen.

Mit dem erlangten Wissen, wie Sie gezielt auf Ihre Kinder eingehen können, werden in Zukunft Sorgen und Kämpfe ausbleiben. Stattdessen dürfen Sie Harmonie und Liebe mit Ihren Kindern genießen und als Dankeschön in bezaubernd, strahlende Kinderaugen blicken, was Ihr Herz höher springen lassen wird.

Manuela Knott hat es wirklich geschafft, einen Zauber in dieses kleine Büchlein zu verpacken, was einzigartig ist. Dieser Ratgeber sollte in keinem Haushalt fehlen, in dem Kinder leben.

Danke für dieses unbezahlbare Werk! Es ist ein Geschenk für die Kinder sowie für die Eltern, denn alle werden davon profitieren und glücklich strahlen.

Jetzt wünsche ich Ihnen verzaubernde Momente beim Lesen und eine anschließende Familienharmonie.

Karolin Noll (Seinswert Coach)

Danksagung

Ich möchte mich bei allen bedanken, die mich bei der Erstellung meines E-Books so tatkräftig unterstützt haben.

Meiner wunderbaren Familie gilt mein größter Dank. Sie ist immer für mich da und gibt mir immer Raum und Zeit für meine Vorhaben. Es gibt nichts Schöneres. *Danke, danke, danke.*

Ich liebe euch.

Mein besonderer Dank gilt

... meinen treuen Freunden Simone, Michi, Andrea, Anne, Karolin, Bettina, Katja und Verena. Sie haben mich immer unterstützt, motiviert und an mich geglaubt, auch wenn ich während des Schreibprozesses nicht sehr präsent war. Ihr seid die besten Freunde, die man sich wünschen kann.

... meinen Wegbegleitern, tollsten Motivatoren und Coaches Antje und Team, Christian, Biyon und Ali. Sie haben mich immer inspiriert mutig voranzuschreiten, konstant dranzubleiben und nie das Ziel aus den Augen zu verlieren. Sie haben mir gezeigt, wie wichtig Persönlichkeitsentwicklung ist und was für jeden von uns möglich ist, wenn man durch die Angst hindurchgeht und trotz Hürden die Energie hochhält.

... meinen E-Book-Coaches Anne-Kristin und Mic, die mir immer mit Rat und Tat zur Seite standen, ob bei der Coverfindung oder sonstigen Fragen. Danke für die Möglichkeit, die ihr mir gegeben habt.

... allen Kindern und Familien, die ich über die letzten Jahre begleiten durfte. Sie gaben mir nicht nur positive Rückmeldungen, sondern ermutigten mich, mein Buch auf die Welt zu bringen und mein Wissen, das ich täglich weitergebe, auch aufzuschreiben, um mehr Familien daran teilhaben zu lassen, wie wichtig es ist, dass unsere Kinder und Familien glücklich sind. Ihr seid das Rückgrat meiner Vision und die größte Freude für mich.

Ich danke euch von Herzen.

Persönliche Worte

Warum ich dieses Buch geschrieben habe

Strahlende Kinderaugen und glückliche Familien in Harmonie. Kinder schenken uns die schönsten und glücklichsten Momente und dafür können wir dankbar sein. Manchmal bringen sie uns auch an den Rand der Verzweiflung. Wie hilflos fühlt man sich, wenn Sorgen den Alltag bestimmen! Verunsicherung, Zweifel, Angst, Wut, Hilflosigkeit und Ohnmacht gibt es in jedem Alter. Wie die Trotzanfälle eines Kindergartenkindes bändigen? Wie den Ängsten eines Grundschulkindes begegnen, das den Übertritt in die weiterführende Schule nicht zu schaffen glaubt? Wie die Ablösung pubertierender Jugendlicher verkraften und unterstützen?

Kinder sind unser Spiegel. Sie zeigen uns auf was in uns selbst ist. Sie kennen unsere „Knöpfe" genau. Ein Knopfdruck, – und schon findet man sich auf gegnerischer Seite wieder statt als Team an einem Strang zu ziehen. Täglich erlebe ich solche Situationen und wie stark der innere Druck die Familien an ihre Grenzen bringt. Vor allem, weil man Gefahr läuft, sich von der Außenwelt beeinflussen zu lassen oder sich mit anderen zu vergleichen. Man sucht deshalb auch gerne die Schuld bei anderen, die für eigene Probleme verantwortlich gemacht werden.

Kennen wir das nicht alle? Während wir unseren Kindern Respekt, Mitgefühl und Verantwortungsbewusstsein beibringen wollen, herrscht in unserer Gesellschaft ein eisiger Wind. An den Mängeln der Gesellschaft kann dieses Buch nichts ändern. Aber es wird helfen, das Familienleben so zu gestalten, dass wieder innere Ruhe und Harmonie einkehren können. Und was wirklich zählt, ist die Liebe – zu sich, zu den Kindern und zum Partner. Familie eben. Wenn dies wieder ins Bewusstsein rückt, ist der schwierigste und wichtigste Schritt für ein glückliches Miteinander schon geschafft. Leben und leben lassen. Auch einmal einen Schritt zurückzutreten und die Situation mit anderen Augen zu betrachten kann sehr wertvoll sein.

Dieses Buch soll Mut machen auf die Stimme des Herzens zu hören, darauf zu vertrauen und achtsam zu sein.

Ich habe dieses Buch geschrieben, um sich unnötige Sorgen, Ängste und Kämpfe zu ersparen und wieder in die Familienharmonie zu kommen. Mein Wunsch ist es, wieder in strahlende Kinderaugen zu blicken und glückliche Familien zu sehen, denn Tränen und Sorgen gibt es schon genug auf dieser Welt. Unsere Kinder sind unsere Zukunft und sie haben es verdient glücklich zu sein.

Innere Motivation – so funktioniert es endlich

Hier geht es um die Frage: Kann man Kinder überhaupt motivieren? Also ist das überhaupt möglich? Und ja, man kann es auch richtig „versauen" mit der kindlichen Motivation. Dafür müssen wir uns erst einmal die Frage stellen, warum wir Kinder überhaupt motivieren wollen. Was ist unsere Motivation hinter dem Wunsch, ein Kind zu motivieren. Es sind häufig, - das muss man so deutlich sagen -, egoistische Gründe. Wir wünschen uns etwas für unser Kind. Zum Beispiel einen guten Schulabschluss. Und dann wollen wir unser Kind dazu motivieren, gut in der Schule zu sein. Das Kind will das in diesem Moment ja vielleicht gar nicht.

Kinder können auch nicht absehen, wie wichtig ein Schulabschluss für sie werden könnte. Das Kind ist im Moment gar nicht interessiert daran. Wir aber sagen: „Hey, da müssen wir dich irgendwie dazu motivieren!"

Natürlich ist es egoistisch als Eltern zu glauben, wir wüssten jetzt in dem Moment, was richtig ist, und ja: Auch ich denke, dass wir Erwachsenen in vielen Punkten von den Kindern lernen können. Andersrum denke ich aber auch, dass Kinder von uns lernen können.

An einem Beispiel möchte ich dies genauer ausführen. Wenn z.B. mein Kind keine Zähne putzen möchte, dann macht es glaube ich, schon Sinn zu überlegen, wie ich mein Kind dabei begleiten könnte, dass es ein bisschen motivierter Zähne putzt. Denn wenn es das nicht macht, dann lasse ich meinem Kind seinen Willen und es putzt seine Zähne nicht, und ich arbeite zu sehr bedürfnisorientiert. Und wenn mein Kind keine Lust hat, dann werde ich da jetzt nicht regulativ darauf eingehen, denn das ist dann Gewalt gegenüber dem Kind. Da kann man schon so denken, muss dann aber damit leben, dass das Kind möglicherweise komplett kaputte Zähne hat. Und die Konsequenz ist nicht schön. In Foren gibt es unterschiedliche Meinungen, und ich befasse mich auch immer wieder mit neuen Ansätzen. Ich schaue mir auch selbst an, was es Neues in der Welt der Pädagogik gibt. Und da wird über verschiedene Trends gesprochen. Ob es ein Trend ist, sei mal dahingestellt. Aber Foren, in denen es um „freilebende Kinder" geht. Hier habe ich eine spannende Geschichte gelesen und eine Mama erlebte dieses „freilebende" – also wo sie nicht regulativ eingreift -, und der Mann war anderer Meinung. Er hat sich dann ein bisschen mitziehen lassen und er sagte: „Wenn unsere Tochter jetzt aktuell keine Zähne putzen will, werden wir sie nicht dazu zwingen und wir werden sie da jetzt auch nicht irgendwie versuchen zu motivieren, dass sie das tut.

Es ist halt in diesem Moment so, und die Kinder werden irgendwann schon von selbst merken, was gut für sie ist, weil Kinder bekommen das sehr intuitiv mit. Das Ende vom Lied: Irgendwann gab es eine große Zahn-OP. Da hat der Mann in diesem Fall ein bisschen in Frage gestellt, ob vielleicht Kinder doch nicht immer von sich aus wissen, was langfristig gesehen – gut für sie ist. Das wurde natürlich in diesem Forum ordentlich zerrissen von den Menschen, die freilebend erziehen. Denn dieser Ansatz dahinter ist ein wenig so, dass wenn ich meinem Kind Regeln, Regularien oder Anforderungen gebe, die ich von ihm verlange, ist das eigentlich irgendwo eine Art Gewalt gegenüber dem Kind - was somit die Autonomie einschränkt.

Aber man sollte sich Gedanken machen, was möglicherweise die langfristige Konsequenz hinter diesem Verhalten des Kindes nicht Zähneputzen zu wollen ist, und ob es an manchen Stellen vielleicht doch Sinn machen würde, regulativ einzuschreiten. Die einen sagen dann „nein", das sei Autonomieverletzung. Ich gehöre aber eher zu denen, die die Vorstellung vertreten, dass es zum Wohle des Kindes sinnvoll sein kann das zu tun. Ich bin kein Freund davon, Kinder in etwas hinein zu zwängen, zum Beispiel, dass das Kind Tennis spielen muss und weiter motiviert wird Tennis zu spielen, obwohl das Kind das gar nicht möchte. Es ist nicht unbedingt folgenreich für das Kind, wenn es kein Tennis spielt, aber es ist durchaus entscheidend, wenn es nicht Zähne putzt. Wahrscheinlich verstehst du schon, worauf ich hinaus möchte. Man kann das jetzt nicht alles über einen Kamm scheren. Man muss wirklich im Individuellen schauen: Wo macht es überhaupt Sinn zu motivieren und wo sollten wir dem Kind kompletten Freiraum für das lassen, was es möchte?

Nun leben wir in einer Welt, in der wir Dinge tun müssen. Jetzt sagst du vielleicht: „Stimmt ja gar nicht! Man muss gar nichts im Leben, man will die Dinge." Und ich bin bei dir. Ich muss keine Steuererklärung machen. Das muss ich nicht, aber ich will sie machen, weil ich nicht die Konsequenz tragen möchte, dass z.B. mein Einkommen geschätzt wird, was dann wahrscheinlich nicht zu meinen Gunsten ausfallen würde. Die Schätzung würde höher ausfallen und ich würde einen höheren Zahlungsbescheid bekommen, als ich eigentlich leisten müsste. Man sollte sich hier also der Konsequenz seines Handelns bewusst sein.

Kinder wiederum müssen gewisse Dinge. Es gibt in Deutschland eine Schulpflicht. Darüber kann man jetzt froh sein oder es doof finden, aber es ist, wie es ist. Außer wir unterrichten die Kinder zu Hause, was also heißt jetzt müssen die Kinder in die Schule. Und ob wir das jetzt gut finden oder ob die Kinder das gut finden, ändert ja nichts an der systemisch bedingten Schulpflicht.

Und jetzt wäre es im Endeffekt ganz schön, wenn wir Wege fänden, die Kinder so zu begleiten, dass sie motiviert sind diese Dinge zu tun, die sie nun einmal tun müssen. Man muss mindestens 9 Jahre in die Schule gehen. Wenn das Kind aber jeden Tag keine Lust hat, dann habe ich ja echt eine lange Zeit ein echtes Problem, also macht es ja vielleicht hier doch Sinn, auch mal ein wenig motivierend zu agieren.

Kann ich ein Kind da motivieren? Ist es möglich einen anderen Menschen zu motivieren? Und die Antwort ist „nein". Ich kann keinen Menschen motivieren. Ich kann nur das Feuer in dem Menschen entfachen, so dass er von innen heraus motiviert ist, also sozusagen eine von sich herauskommende Motivation spürt. Man nennt das dann „intrinsisch motiviert" sein. Also ich kann extrinsisch motivieren, also von außen motivieren oder ich bin von innen motiviert. Und ich glaube, wir können von außen nur sehr bedingt motivieren. So könnte man das über einen bestimmten Zeitraum hinkriegen. Aber die Frage ist: „Ist das wirklich das, was wir uns für unsere Kinder wünschen, dass sie z.B. Dinge nur tun, weil sie dann eine Belohnung kriegen?" Ich bin kein Freund davon, weil ich glaube, dass es nicht nachhaltig ist.

Fassen wir also bis hier hin mal ganz kurz zusammen: Ich glaube, es macht an manchen Stellen Sinn

Kinder dabei zu begleiten, dass sie ein Feuer für die Dinge entfachen, die sie nun einmal tun müssen. Ich möchte nicht über das System diskutieren, dass Schule aktuell nicht so ist, wie sie sein könnte, und ich glaube, das ist jedem klar, aber es ändert nichts daran: Kinder haben eine Schulpflicht.

Ich bin kein Freund davon zu bemäkeln, dass alles doof sei, sondern ich möchte eher darauf schauen, wie wir das, was ist, annehmen und das Beste daraus machen können. Also wie können wir ein Kind so begleiten, dass es gerne zur Schule geht, obwohl es vielleicht aktuell gar keinen Bock darauf hat? Wie können wir ein Kind animieren Zähne zu putzen, obwohl es aktuell vielleicht einfach keine Lust hat, weil es ja viel einfacher wäre es nicht zu tun?

Und das hat aus meiner Sicht nichts mit Gewalt gegenüber dem Kind zu tun, weil wir es formen wollen, sondern eher damit, dass wir ihm helfen wollen glücklich leben zu können. Was wir nicht ändern können ist, dass die Kinder – wenn sie im deutschsprachigen Raum leben / bleiben – schulpflichtig sind. Wir leben in einer Leistungsgesellschaft. Das kann man auch wieder gut oder schlecht finden. Und wir leben in einem System, das auf Regeln basiert, z. B. die Straßenverkehrsordnung.

Da glaube ich, tut es gut den Kindern bereits in der Kindheit zu zeigen, dass das alles doch gar nichts Schlimmes ist. Und es ist auch nicht schlimm auch mal seine eigene Autonomie hinten anzustellen zum Wohle der Gemeinschaft. Es ist eher purer Egoismus zu sagen es gehe immer nur um mich und meine Bedürfnisse. Im Folgenden werde ich erklären, warum ich glaube, dass man Kinder nicht von außen motivieren kann. Sie müssen das Feuer von innen her entdecken, und ich möchte dir gerne einmal ein Negativbeispiel nennen und daraus dann ein positives Beispiel ableiten.

Es ist ein ganz normaler Tag in der Kindertagesstätte für Grundschüler. Es ist Herbst. Draußen ist es ein bisschen regnerisch, die Blätter fallen schon von den Bäumen. Also die einen mögen dieses Wetter, die anderen nicht. Ich bin in der Gruppe mit den Kindern und links von mir sitzt ein Junge. Hinten rechts im Gruppenraum sitzt eine weitere Gruppenpädagogin, und ich frage die Gruppe was sie denn gerne werden wollten. Der Junge vorne antwortet: „Astronaut werden." Ich denke mir: „Wow, finde ich super."

Die Tische sind so angeordnet, dass er zur anderen Pädagogin blickt. Beide Blicke treffen sich. Und es entsteht so ein Moment und ich weiß in diesem Moment schon, was passiert, denn ich erlebe diese Momente sehr häufig. Die Pädagogin wirft ihm einen Blick zu und dieser Blick sagt alles. Die Körpersprache dieser Frau sagt alles. Und sie sagt: „Wie willst denn du das schaffen? Das ist ja vollkommen unrealistisch."

Der Junge spürt das, seine Körperhaltung wird lasch und er sackt ein wenig in sich zusammen. Für Ungeübte nicht zu sehen, aber wenn du seit Jahren mit Menschen arbeitest, weißt du, was für einen Moment ich meine. Du siehst, wie die Energie seinen Körper verlässt und er in diesem Moment den Gedanken übernimmt, er könne das eh nicht schaffen. Ich denke mir: „Kann jemand die Pädagogin aus der Gruppe bringen? Setzt die vor die Tür!", aber natürlich sage ich in diesem Moment nichts.

Statt dass ich mich weiter über die Pädagogin aufrege, sage ich zu diesem Jungen: „Astronaut. Cool! Erzähl mal!“. Was ist jedoch in diesem Moment passiert? Die andere Pädagogin hat dem Jungen die Motivation für dieses Ziel, Astronaut zu werden, genommen. Ich gehe darauf gleich noch näher ein, warum das für die allgemeine Schulmotivation ein Problem ist. Der Junge ist für kurze Zeit demotiviert, aber ich steige auf seine Antwort ein: „Cool, ein Astronaut. Erzähl mal!“ Und er kennt sich wirklich sehr gut aus und nennt sehr viele Fachbegriffe. Ich habe keine Ahnung, wovon er mir genau erzählt hat, aber er kennt sich mit Raumfahrt offensichtlich aus. Es scheint ihn wirklich begeistert zu haben.

Ich frage den Jungen: „Was musst du dafür alles können, um Astronaut zu werden?“ Er erzählt mir, dass man hier nur sportlich und fit sein muss, und ich sage: „Wie ist deine Note in Sport?“ Ja, in Sport wäre er sehr, sehr gut. Ich sage: „Cool“ und ich frage: „Was ist dein schlechtestes Fach?“ Dann antwortet er: „Mathe“. Ich frage: „Warum?“ „Ja, mag ich nicht, da habe ich keinen Spaß dran, verstehe ich nicht und bin nicht gut darin.“ Ich frage ihn, ob es noch Fächer gibt, in denen er nicht so gut ist. Dann zählt er ein bisschen auf. Also er ist tatsächlich nicht der beste Schüler. Das kommt bei diesem Gespräch heraus.

Und in diesem Moment denke ich mir: „Okay, dieser Junge möchte Astronaut werden, ist sportlich, aber er hat aktuell definitiv Defizite in der Schule. Wie könnte man jetzt also seinen Wunsch Astronaut zu werden nutzen, um ihm vielleicht dabei zu helfen? Ihm ein inneres Feuer geben dafür, dass diese Fächer o.k. sind. Denn aktuell ist sein IST- Zustand, dass er diese Fächer einfach „doof“ findet und sie ihm keinen Spaß machen. Er will Astronaut werden, und sein Mindset (was er darüber denkt) ist aktuell so, dass er dafür nur sportlich sein muss.

Ich frage ihn also, wie es denn mit Mathe wäre. „Braucht man das nicht als Astronaut?“ Nee, brauche man nicht, weil das werde ja alles mit Computer gerechnet. Ich sage zu ihm: „Ja, das verstehe ich und wenn mein Computer kaputt ist, muss ich das nicht selbst machen können. Ich muss da keine Codes oder Zahlenkombination können, ich gehe halt dann einfach in den Laden um die Ecke.“ Ich frage weiter: „Aber was machst du denn, wenn der PC da oben kaputt geht? Zu welchem Laden willst du denn dann gehen?“ Er weiß nicht, was er sagen soll. „Könnte es nicht sein, dass du dann da oben das Ding selbst reparieren müsstest? Also, nur mal angenommen, der Sauerstoff geht dir aus. Das wäre auch nicht so toll da oben, oder?“ Dadurch helfe ich dem Jungen dabei zu erkennen, dass für sein großes Ziel Astronaut zu werden, - was ich toll finde, - es wichtig ist, allgemein schulische Leistungen abrufen zu können und nicht nur die sportliche.

Was habe ich bei diesem Beispiel also gemacht? Ich habe erst einmal seinen Wunsch Astronaut zu werden ernst genommen. Was hat die Pädagogin gemacht? Sie hat ihn abgewertet, weil er diesen Wunsch hat. Und ich habe einfach probiert, das, was er als Vorstellung mitbringt, zu respektieren und einfach einen Rahmen zu bauen – der ihm hilft zu erkennen, dass das was er will, toll ist und er gewisse Dinge jetzt dafür tun muss.

Hier darf man überlegen, wann ein Kind motivierter dazu sein wird, auch in anderen Fächern Leistung zu bringen. Ohne zu diskutieren, ob das jetzt sinnvoll ist mit dem „Leistungszeugs“. Denn es ist ja wie es ist: Aktuell basiert unsere Gesellschaft auf Leistung. Wie können wir dem Kind dafür ein inneres Feuer geben, dass es sagt: „Na gut: „Mathe, Deutsch. Keine Ahnung, sind jetzt nicht meine Lieblingsfächer, aber ich gebe trotzdem Gas, weil ich Astronaut werden will."

Wenn wir diesen Wunsch respektieren, - und die Pädagogin hat ihn einfach abgewertet – dann kann sein inneres Feuer entfacht werden. Ich habe hinterher mit der Pädagogin gesprochen und sie gefragt: „Haben sie gemerkt, dass der Junge ja total motiviert ist Astronaut zu werden? Sie haben ihm so einen Blick zugeworfen! Ich habe das gesehen. Was war das? Wo kam das her?" Sie sagte zu mir: „Er wird das niemals schaffen Astronaut zu werden. Jetzt will ich ihm doch nicht erzählen, dass er es schafft, dass er seinen Traum nicht erreicht. Dann ist er ja mega enttäuscht." Und ich denke mir nur: „Sag mal, bist du bekloppt? Du willst dem Kind einen Traum ausreden, nur weil du nicht glaubst, dass der Junge das kann?

Was ist denn in deinem Kopf nicht in Ordnung?" Das habe ich mir gedacht, ihr aber nicht gesagt. Wie können denn wir Menschen, also wir Erwachsenen, so unfassbar überheblich sein zu glauben, dass, nur weil wir uns nicht vorstellen können, dass jemand etwas schafft, diese Person es wirklich nicht schafft.

Man hat mir in meiner Schulzeit auch eingeredet, ich bekäme aufgrund meiner Körpergröße keinen Ausbildungsplatz, weil ich zu klein und schwach sei und man müsse schauen, ob man einen speziellen Platz für mich fände. Und jetzt arbeite ich mit Kindern, Jugendlichen und Familien als Erzieherin und Systemischer Kinder- und Jugendcoach / Familiencoach, damit genau dies unseren Kindern nicht passiert, dass von außen so negativ eingewirkt wird. Wer das nicht erlebt hat, hat keine Ahnung, was das mit einem Kind anrichten kann. Z. B. dass es nicht mehr an sich selbst glaubt.

In Deutsch war ich auch nur so mittelmäßig, da ich in der Realschule schon einen Stempel hatte, weil die Lehrer in ihrer Welt gedacht haben, ich würde das nicht schaffen. In den Jahren davor hatte ich immer Lehrer, die an mich geglaubt haben, und einmal war ich sogar Klassenbeste. Und es macht etwas aus, wie man das innere Feuer eines Kindes wecken kann, wenn man ihm auf Augenhöhe begegnet. In der Realschule wurde mir eingeredet, ich könnte das nicht und ich würde das nicht schaffen, und was war das Ergebnis? Ich wurde immer schüchterner und zurückhaltender und zweifelte an mir selbst.

Klar hatte ich dann nur mittelmäßige Noten. Jetzt schreibe ich ein Buch darüber, weil ich das aus der eigenen Motivation heraus will, und damit du, liebe Leserin/lieber Leser verstehst, wie wichtig es ist, das innere Feuer eines Kindes zu entfachen. Hier meine Frage: „Wer gibt uns Erwachsenen bitte das Recht einem Kind zu erzählen, was es schafft und was nicht?" Nur weil wir es nicht können, nur weil wir es nicht glauben können, nur weil wir es nicht träumen können, nur weil wir nicht die Fantasie haben, dass etwas möglich ist, heißt das doch nicht, dass das Kind es nicht schafft!

Und ich glaube, viele Kinder sind teilweise unmotiviert, weil ihre Wünsche und Träume immer wieder nicht ernst genommen werden. Wir leben hier im Land des Realismus. Da soll man ja nicht zu groß träumen. Hier soll man ja nicht zu viel aus der Box herausschauen. „Schuster, bleib bei deinen Leisten!

Such dir realistische Ziele!" „Fußballprofi! Wie willst du denn Fußballprofi werden oder Astronaut? Mach mal lieber eine Lehre zum Bankkaufmann, dann bist du sicher."

Wer gibt uns Erwachsenen das Recht so über die Zukunft von Kindern zu bestimmen, nur weil wir uns nicht vorstellen können, dass etwas möglich ist? Es heißt noch lange nicht, dass es nicht möglich ist. Nur weil wir so kleinkariert in unserem Kopf sind und glauben, man könnte irgendwie nur von A nach B kommen und nicht von A nach F.

Also nur weil wir davon überzeugt sind, es sei nicht möglich, haben wir nicht das Recht es Kindern auszureden. Wenn wir Kinder motivieren wollen, müssen wir annehmen, was sie mitbringen. Und Kinder bringen so tolle Ideen ein und sind Träumer. Anstatt dies zu nutzen werten wir lieber die Aussagen des Kindes und somit das Kind selbst ab. Wir könnten sagen: „Ich weiß nicht, wie man zum Mars fliegen soll, ich habe keine Ahnung. Aber wenn du sagst, du willst es schaffen als 35-jähriger erwachsener Mann oder als 35-jährige erwachsene Frau eine Marsmission an den Start gebracht zu haben, dann „go for it"! Dann lass uns das machen! Keine Ahnung wie, aber lass uns den Weg gemeinsam genießen."

Und ob die Kinder das dann schaffen oder nicht, ist hier nicht von Belang. Vielleicht schaffen sie es nicht, dann sind sie gescheitert. Ja, und dann? Dann fangen sie von vorne an oder machen etwas anderes. Menschen, die wirklich motiviert sind, lassen sich doch nicht davon abbringen, wenn sie mal ein bisschen gescheitert sind. Menschen, die realistisch denken, die lassen sich abbringen, scheitern und stehen nicht wieder auf. Es ist kein Problem hinzufallen, es ist kein Problem zu scheitern. Es ist ein Problem liegen zu bleiben und nicht weiter zu machen.

Und ich glaube, dass ist eher bei Menschen der Fall, denen immer wieder eingeredet wird, dass ihre Träume zu groß und ihre Wünsche zu hoch seien. Wir haben nicht das Recht darüber zu werten, was Kinder erreichen können. Kinder haben das Recht dies selbst heraus zu finden, und wenn sie scheitern, dann scheitern sie. Ja und? Dann sind sie gescheitert. Entweder nehmen wir sie dann in den Arm und sagen: „Hey, fantastisch, dass du es probiert hast! Es hat halt jetzt nicht geklappt. Kein Problem. Was wollen wir jetzt probieren? Lass uns weitermachen!"

Aber anstatt ihm vorher einzureden, dass es nicht geht, sollte man das von den Kindern annehmen, was sie mitbringen, und das zur Motivation nutzen. Das ist doch viel cleverer.

Ich möchte dich dazu einladen nach diesem Kapitel vielleicht über folgende Punkte nachzudenken:

- **Muss ich denn überhaupt regulierend eingreifen?**
- **Muss ich wirklich mein Kind dazu motivieren zum Tennis zu gehen, wenn es keine Lust hat?**
- **Macht es vielleicht Sinn, die Wünsche meines Kindes zu respektieren?**

Da darf jeder für sich eine Antwort finden. Du kannst selbstverständlich Menschen von außen mit Belohnung motivieren, aber ich glaube, es ist viel sinnvoller das innere Feuer zu wecken, sodass sie von innen heraus motiviert sind. Und dafür musst du vielleicht einfach mal die Träume und Wünsche annehmen, die Kinder haben, und die Kinder dann dahin gehend begleiten und sagen:

„Wenn du das werden willst, was musst du dafürkönnen?" Oder zum Beispiel wenn jemand sagt, sie/er möge Fußballprofi werden. Es gibt viele Kinder, die das werden wollen und ich frage ich immer: „Wie ist es denn aktuell bei dir so in der Schule? Gibst du Gas?" Dann kommt oft: „Nee, ich habe keinen Bock, ich will lieber Fußball spielen." Daraufhin antworte ich: „So wie du eine Sache tust, so tust du alle Sachen. Das ist ein Sprichwort. Das bedeutet, wenn du die Schule so angehst, dass du, wenn es anstrengend wird, etwas vermeidest, wirst du das wahrscheinlich auch im Profigeschäft später tun. Ist die Schule für dich nicht möglicherweise das perfekte Umfeld, der perfekte Spielplatz, um zu lernen, wie man Ausdauer und Disziplin lernen kann, wenn du mal Profi bist? Ich wünsche es dir wirklich, dass du Profi wirst." So hat es das Kind noch nicht bedacht… „Ja, dann erlaube es dir doch einmal drüber nachzudenken." Und schon habe ich Fußball mit Schule verknüpft.

Und es soll jetzt nicht die Diskussion entstehen, dass die Schule so wie sie ist gut oder schlecht ist. Ich will einfach nur sagen, dass sie ist wie sie ist.

Und ich habe Kinder erlebt, die aufgrund dessen, dass man ihre Träume ernst genommen hat, auf einmal auch in der Schule anders Gas gegeben haben.

Und jetzt kommt der Punkt: Aber nicht, weil jemand anderes ihnen erzählt, er/sie müsse es tun. Oder weil jemand sagt, wenn er/sie es nicht schaffe, dann bekäme er/sie schlechte Noten und dann werde er/sie ein ganz schlechtes Leben haben. Sondern die Kinder selbst sagen: „Ich habe ja ein Ziel und will ja Profi werden. Dann macht es auch Sinn Gas zu geben. Und dann ist das Lernen auf einmal ja gar nicht mehr so schlimm."

Und sie erkennen, dass dies jetzt Teil des Weges ist. Man kann sich ja im Leben, glaube ich, entscheiden: Will ich quengeln, oder will ich das Beste daraus machen? Und da die Kinder hier aus meiner Sicht in einer Welt leben, in der man gewisse Dinge tun muss / tun will und gleichzeitig negative Konsequenzen vermeiden möchte, denke ich, dürfen Kinder auch lernen mit diesem Anspruch umzugehen.

Meines Erachtens sind Kinder nicht so schwach, dass sie gewisse Dinge nicht schaffen. Ich bin überzeugt, dass sie das können, wenn man ihnen einen vernünftigen Rahmen baut. Nur wir Erwachsene sind teils nicht in der Lage diesen Rahmen vernünftig zu setzen.

Denke gerne einmal über die Dinge nach, die ich dir hier in diesem Kapitel mitgegeben habe.

Wertschätzung, Respekt und Anerkennung

Jeder Mensch sehnt sich nach Wertschätzung, Respekt und Anerkennung. Oft fühlen sich Menschen dadurch ausgegrenzt, dass sie nicht beachtet werden. Kinder hören zudem oft unangenehme Aussagen über sich. Jeden Tag gibt es Situationen, die ein Kind verwirren, irritieren, deprimieren. Kinder sind darauf angewiesen, etwas wirklich Gutes über sich zu hören. Wertschätzung setzt positive Energie frei. Wertschätzung zu geben und zu empfangen ist eine grundlegende Entscheidung des Miteinander-Umgehens und in unserer Kultur häufig verschüttet.

Mit zum Ausdruck gebrachter Wertschätzung wird das Heranwachsen positiv begleitet und den Kindern dabei geholfen, ein gesundes Selbstbild von sich und eine positive Energie zu entwickeln. Veränderungen in jedem Alter kosten Kraft. Wertschätzung gibt Kraft. Es tut allen Menschen gut, positiv und wertschätzend übereinander und miteinander zu sprechen. Die Person erfährt sich so im Spiegel der anderen:

Wer bin ich?
Was für eine Person bin ich?
Worin bin ich richtig gut?

Kinder müssen hören, dass sie geliebt werden. Es reicht nicht, es nur zu fühlen. Nur „Ich liebe dich" als Eltern zu sagen, reicht oft für ein Kind nicht aus. Dein Kind braucht Details, warum genau du es liebst. Das fördert das Heranreifen des Kindes und hilft ihm bei der Auseinandersetzung mit sich selbst, sozusagen seine eigene Identität zu finden. Auch für uns Erwachsene gilt das. Wertschätzung sollte täglich in deinen Familienalltag mit eingebaut werden.

Hier ein paar Tipps zur richtigen Formulierung:

- Überlege, was Du an deinem Kind magst und sage es ihm. Täglich!
- Verstelle dich hier nicht. Finde Worte, die dir leicht fallen zu sagen kannst und hinter denen du aufrichtig stehst.
- Sage es ganz selbstverständlich, es gehört einfach dazu.
- Sage es nicht im Streit, sondern wenn du dein Kind liebevoll betrachtest.
- Kurz und prägnant. Der Ton macht die Musik.
- Lobe dein Kind im richtigen Moment und du wirst häufiger solche Momente erleben.
- Drücke dich differenziert aus. Sprich also das Verhalten an, nicht das Kind persönlich. Das gilt auch für Kritik.

- Sage nicht „Du bist ein Chaot!“ (anklagende Du-Botschaft), sondern „Manchmal sieht dein Zimmer chaotisch aus!“ (handlungsbezogene Botschaft).

In schwierigen Zeiten ist es notwendig, sich daran zu erinnern, was die Familie auszeichnet, um gemeinsam einen Weg in die Zukunft zu finden. Du kannst deinem Kind eine Postkarte oder eine Sonne mit mehreren Dingen gestalten, die du an ihm magst und liebst.

Gegenseitiger Respekt und Anerkennung

Damit sich dein Kind seelisch gesund und frei entwickeln kann, braucht es deinen Respekt. Wenn du möchtest, dass dein Kind dich respektiert, so bringe ihm auch du als Elternteil den nötigen Respekt entgegen. Kinder lernen am Modell, also somit vor allem von dir als Mama oder Papa. Gegenseitiger Respekt bringt Harmonie in die Familie und fördert bei deinem Kind das Einfühlungsvermögen.

Kinder wollen gesehen und wertgeschätzt werden, und zwar genauso wie sie sind und nicht wie es den Erwartungen der Erwachsenen entspricht. Kinder lernen hier, dass jeder einzigartig ist und dies auch beim Gegenüber annehmen können.

Dein Kind will in seinen Belangen stets ernst genommen und respektiert werden. So erfährt dein Kind absolute Wertschätzung. Ist dir das gelungen, wird dein Kind die nötige Reife entwickeln, sich im sozialen Gefüge gut einfinden zu können. Wichtig: Respekt sollte nicht als Machtmittel oder Strafe benutzt werden, denn dies könnte im Laufe der Zeit bei der Entfaltung deines Kindes dazu führen, dass respektvolle Handlungen mit gewalttätigen Handlungen verwechselt werden.

Jedes Kind entwickelt sich anders, will stetig wachsen und seine Fertigkeiten erforschen. Hier gilt es, das richtige Maß an Über- oder Unterforderung herauszufinden, auch wenn dies nicht immer einfach ist. Wenn du deinem Kind aber immer wieder einmal verschiedene Ämter gibst, wirst du schnell erkennen, wo die Stärken deines Kindes liegen und es wird sich selbst immer mehr vertrauen.

Mein Coaching Programm

Wenn es für dich große Herausforderungen im Alltag gibt, wirst du in meinem systemischen Coaching-Programm, für Eltern und Kinder, von mir unterstützt und begleitet, wieder in ein harmonisches und entspanntes Familienleben zu kommen, damit wieder Ruhe einkehren kann. Ebenso unterstütze ich jedes Familienmitglied dabei, seine einmalige Persönlichkeit entfalten zu können.

Das Coaching bietet den Raum und die Möglichkeit, dass du deine Gefühle äußern kannst und was dich derzeit beschäftigt und blockiert. Ebenso was dein Wunsch ist und welches Ziel erreicht werden soll.

Du erarbeitest bei mir Folgendes (dies gilt für jedes Familienmitglied):

- Deine Stärken und dein Potential zu erkennen und zu entfalten.
- Konkrete Problemsituationen eigenständig zu meistern.
- Bestehende Blockaden und Ängste aufzulösen.
- Deine Motivation zu finden und dir immer mehr zu vertrauen.
- Dir Ziele zu setzen und diese schneller / leichter zu erreichen.
- Mit seelischen Erschütterungen leichter umzugehen.

Wenn du mehr darüber erfahren möchtest, besuche gerne meine Homepage:
www.manuelaknott-coaching.de

Oder meine private Facebookgruppe, in der sich Eltern in einem geschützten Rahmen austauschen können und von mir Tipps bekommen:

SEELENHEIL - glückliche Familie statt ständige Sorgen und Kämpfe
https://www.facebook.com/groups/GluecklicheFamiliestattstaendigeSorgenundKaempfe

Kurzer Link zu meiner Facebookgruppe:
https://bit.ly/2YP3rwz

Bei weiteren Fragen schreibe mir gerne eine E-Mail:
manuelaknott@web.de

Lob

Wie oft lobst du dein Kind? Wofür ist es notwendig? Und wie wird es richtig eingesetzt?

Lob und Belohnung werden in der Erziehung eingesetzt, um ein gewünschtes Verhalten positiv zu verstärken. Das bedeutet, dass Eltern oder Pädagogen erreichen wollen, dass dies häufiger auftritt.

Lob sollte immer ehrlich sein, denn so bekommt das Kind einen Anreiz, eine Motivation, sein Tun danach auszurichten, dass es den Eltern gefällt. Die Idee hinter dieser Methode ist alles andere als neu, und sie funktioniert nicht nur bei Menschen, sondern auch bei Tieren. Verhaltensforscher, Psychologen und Pädagogen haben sich seit dem 19. Jahrhundert mithilfe zahlreicher Versuche diesem Aspekt der Erziehung gewidmet. Heute sind Lob und Belohnung als Erziehungsmaßnahme jedoch auch stark in Kritik geraten, weil das Kind genau genommen nicht erzogen, sondern lediglich „konditioniert" wird. Das bedeutet, es hinterfragt sein Tun nicht, sondern handelt automatisch so, dass es dadurch einen Vorteil erhält ohne Einsicht zu zeigen.

Grundsätzlich lassen sich zwei Arten von Lob und Belohnung unterscheiden:

- Das Verhalten des Kindes zieht eine angenehme Konsequenz nach sich, zum Beispiel eine Belohnung in Form von Süßigkeiten.
- Das Verhalten des Kindes zieht keine unangenehme Konsequenz nach sich, die ansonsten eingetreten wäre, zum Beispiel wenn dem Kind eine unangenehme Arbeit erspart bleibt.

Folgendes Beispiel zeigt, warum es problematisch sein kann, Kinder ständig zu loben und zu belohnen:

Ein Junge (4 Jahre) malt nicht gerne. Viel lieber tobt er durch die Wohnung oder beschäftigt sich mit seinen Autos. Seinen Eltern ist es aber wichtig, dass auch seine Kreativität gefördert wird. Zudem befürchten sie, ihr Sohn könnte später Probleme mit dem Schreiben lernen haben, wenn er nie einen Stift in die Hand nimmt.

Also kaufen sie ihm teure Stifte und ermutigen ihn, mit diesen ein Bild für die Oma zu malen, die bald Geburtstag hat. Der Junge hat eigentlich keine Lust dazu, aber seine Eltern reden so lange auf ihn ein, bis er schließlich nachgibt und zu den Stiften greift. Das Ergebnis ist nicht besonders gelungen, und auch der Junge selbst scheint von seinem Werk nicht wirklich überzeugt zu sein. Seine Eltern loben ihn jedoch überschwänglich für seine Leistung und der junge Mann ist zufrieden.

Kurze Zeit später soll der Bub erneut ein Bild malen. Er will aber nicht. Und diesmal hilft auch kein gutes Zureden. Erst als seine Mutter ihm als Belohnung Schokolade verspricht, lässt er sich überreden erneut zu Papier und Stiften zu greifen. Lustlos malt der 4-Jährige einige bunte Striche auf das Blatt Papier. Dennoch loben ihn seine Eltern und er erhält die versprochene Schokolade.

Einige Tage darauf soll der Bursche im Kindergarten ein Bild von seiner Familie malen. Er krakelt schnell ein paar Striche auf das Blatt und zeigt es dann seiner Erzieherin. Die ist nicht begeistert und sagt: „Da hast du dir aber nicht viel Mühe gegeben."

Das Kind fällt aus allen Wolken und ist geknickt, denn Mama und Papa sind doch immer begeistert von seinen Bildern. Als die Erzieherin von ihm verlangt, er solle sein Familienbild ergänzen, weigert er sich. Er weiß genau, dass die Erzieherin ihm anschließend keine Schokolade geben wird. Warum also sollte er sich anstrengen?

Das Beispiel beweist, dass Lob und Belohnungen auf keinen Fall inflationär eingesetzt werden sollten. Der Junge hat gelernt sich so zu verhalten wie es seine Eltern wünschen, weil die Konsequenzen für ihn angenehm sind. Zuerst reicht ihm noch das Argument, dass sich die Oma über sein Bild freuen wird, um ihn zu motivieren. Später verlangt er nach noch „besseren" Belohnungen, sonst ist er nicht bereit den Eltern ihren Wunsch zu erfüllen. Natürlich „funktioniert" er nicht wie gewünscht, weil ihn etwa die Einsicht antreibt oder er motiviert ist, sondern allein, weil er sich dadurch einen Vorteil erhofft.

Dabei gibt es andere Möglichkeiten einem Kind Wertschätzung entgegenzubringen, wie zum Beispiel, indem man es dazu ermutigt sein eigenes Verhalten zu reflektieren und seine Ansichten und Bedürfnisse ernst nimmt. Zudem macht es Sinn, Lob wirklich sparsam einzusetzen und ein Kind nur dann zu loben, wenn es eine dementsprechende Leistung erbracht hat. Das Lob an sich ist sonst irgendwann nichts mehr wert und das Kind lernt nicht, sein Tun richtig einzuschätzen.

Eltern sollten sich also bewusst damit auseinandersetzen, wie sie Lob und Belohnung als Erziehungsmethode nutzen wollen. Wichtig ist zu wissen, was damit ausgelöst werden kann. Grundsätzlich geht es ja in der Erziehung darum, Kinder darin zu unterstützen, sich zu möglichst gefestigten, eigenständigen Persönlichkeiten zu entwickeln, die ihren Platz in der Gesellschaft finden und in der Lage sind sozial und verantwortungsbewusst zu handeln.

Was Lob und Belohnung bewirkt

Nachteile von Lob und Belohnung

- Kinder verlieren ihre intrinsische Motivation, wenn sie zu häufig gelobt werden. Das heißt, sie tun nichts mehr aus eigenem Antrieb bzw. aus einer inneren Motivation heraus.

- Viele Kinder entwickeln eine übersteigerte Erwartungshaltung, wollen ständig gelobt werden und erwarten selbst für kleine Gefälligkeiten oder selbstverständliche Dinge eine Gegenleistung.
- Ein Lob erscheint jedoch immer wertloser, je häufiger es (willkürlich) eingesetzt wird.
- Genau wie Strafen handelt es sich bei Lob und Belohnungen um Kontrollmechanismen von Erwachsenen, die auch manipulativ eingesetzt werden können.
- Oft werden Lob und Belohnung willkürlich eingesetzt. Das Kind fühlt sich dadurch verunsichert.
- Kinder, die ein angepasstes Verhalten zeigen, werden unbewusst oder bewusst oft viel häufiger gelobt als Kinder, die auffälliges bzw. unangepasstes Verhalten zeigen.

Vorteile von Lob und Belohnung

- Jeder Mensch hat das Bedürfnis nach sozialer Anerkennung und Erfolg.
- Wenn ein Kind gelobt wird, fühlt es sich gut, erlangt Selbstsicherheit und Selbstvertrauen.
- Das Kind wird motiviert wieder ein gewünschtes Verhalten zu zeigen, und somit handelt es sich bei dieser Methode um eine erfolgreiche Erziehungsstrategie.
- Studien zeigen, dass Lob und Belohnung besser funktionieren als Strafen und auch länger wirken.
- Lob und Belohnung sind wirksame Mittel, um die Beziehung zwischen Eltern und Kind zu stärken und Bindungen zu stärken.

Ein herzlicher Dank an dieser Stelle gilt Herrn Wolfgang Scheidle, der mir die schriftliche Erlaubnis gegeben hat den Inhalt dieses Kapitels von seiner Website
https://www.kindererziehung.com/Paedagogik/Erziehungsmassnahmen/Lob-und-Belohnung.php

zu übernehmen, ebenso wie für das folgende Kapitel „Aktives Zuhören“ ab den „Ich-Botschaften“
https://www.kindererziehung.com/Paedagogik/Erziehungsmassnahmen/Aktives-Zuhoeren.php

Aktives Zuhören

Wenn du dir Zeit für dein Kind nimmst, dich auf seine Welt einlässt und ihm aktiv zuhörst, trägt dies zu einer gesunden Entwicklung des Selbstwertgefühls bei. Wenn du deinem Kind zuhörst, nimmst du es wahr und ernst und gibst ihm die Gelegenheit sich selbst besser kennenzulernen. Du zeigst deinem Kind, dass du dir bewusst Zeit nimmst, und vermittelst ihm, dass es dir wichtig ist. In unserer hektischen Welt ist dies für viele Eltern schwierig geworden, obwohl gerade die gemeinsame „Sprechzeit“ so wichtig wäre. Oft werden zwischen Tür und Angel Dinge besprochen. Ein Kind wünscht sich, dass man sich als Mama und Papa Zeit nimmt ihm zuzuhören, und zwar fest eingeplante Zeiten, ohne Ablenkung. Zeige deinem Kind, dass du immer ein offenes Ohr hast, und begegne ihm auf Augenhöhe. Setzt euch gemeinsam auf die Couch, biete deinem Kind etwas zu trinken an. Dies schafft eine sichere und angenehme Atmosphäre. Lasse das Handy hier weg und antworte nicht auf Anrufe und Nachrichten. Dein Kind erfährt dadurch, dass es wichtig ist und ihm aktiv zugehört wird. Manche Eltern lesen ihrem Kind auch eine Gute-Nacht-Geschichte vor und reden im Anschluss über den Tag und darüber, was das Kind beschäftigt.

Für ältere Kinder können auch andere Möglichkeiten gefunden werden. Ein Spaziergang kann hier hilfreich sein. Gespräche in der Natur sind oft sehr befreiend und helfen oft schüchternen Kindern, sich nach längerem Gehen zu öffnen. Auch längere Zug- und Autofahrten eignen sich gut für intensive Gespräche.

Wie kannst du also deinem Kind „aktiv zuhören“? Lasse dein Kind zuerst erzählen, was es erzählen möchte, ohne es zu unterbrechen. Im Anschluss wiederhole das Gesagte und formuliere die Sätze inhaltlich und grammatikalisch richtig. Dabei lernt dein Kind, wie Sätze richtig formuliert werden, ohne dass es dabei kritisiert wird, und dein Kind spürt, dass du ihm aufmerksam zuhörst. Ich-Botschaften sind der Schlüssel für eine gelungene Kommunikation und stärken die Bindung.

Ich-Botschaften

Wie kannst du also am besten mit deinem Kind kommunizieren, und welche Wortwahl kann dir helfen? Wenn du mit deinem Kind über sein Verhalten sprichst, sind Ich-Botschaften das A und O.

Durch Ich-Botschaften teilst du deinem Kind deine Gedanken und Gefühle bezüglich seines Verhaltens mit. Dadurch erfährt dein Kind, welche Wirkung sein Verhalten bei anderen auslöst, ohne dass es selbst bewertet wird. Somit kann dein Kind seine eigenen Verhaltensweisen beurteilen und entsprechende Konsequenzen auf sein zukünftiges Verhalten ziehen.

Die Ich-Botschaft besteht dabei sowohl aus einem Gefühlsteil als auch aus einem Tatsachenteil. Dabei werden die eigenen Gefühle in der Ich-Form ausgedrückt, um keine ungewollten Blockaden beim Kind aufzubauen.

Als Beispiel hierfür soll folgende Situation dienen:
Beim Weihnachtsfest bekommt das Kind unter anderem Weihnachtskarten mit Geldscheinen. Die Karten wirft es achtlos weg, was die Großeltern traurig macht. Deshalb teilt die Oma dem Kind ihre Gefühle mit: „Als ich gesehen habe, dass du die Karte von uns einfach weggeworfen hast, hat mich das traurig gemacht."

Warum Ich statt Du?

Statt dem „DU", was Kinder meistens als direkten Angriff oder Abwertung empfinden, lässt sich die „Ich-Botschaft" in einer milderen Form mit mehr Sinn für Verständnis einsetzen. Dem Kind wird auf genaue, aber einfache Weise klar gemacht, was man von ihm möchte und welche Gefühle die Person dabei empfindet.

Statt „Wieso kommst Du so spät nach Hause?", klingt „Ich habe mir Sorgen gemacht wo Du bleibst" nicht negativ, sondern enthält eine indirekte Aufforderung. Die „Du-Form" ist also nicht immer die geeignete Kommunikation und kann zu Missverständnissen und Abwertungsgefühlen führen.

Beim aktiven Zuhören sollte ein ruhiger Rahmen gegeben sein. Du als Elternteil solltest nicht gestresst oder unruhig wirken, um dein Kind nicht zu verunsichern. Außerdem sollten ein paar Tipps berücksichtigt werden.

Geduld ist für dein Kind sehr wichtig, darum sollte man Gesprächspausen auch einmal aushalten können. Achte darauf, dass Augenkontakt gehalten wird, was auch mal bedeuten kann, sich zu deinem Kind ins Zimmer oder auf den Teppich zu setzen, um auf gleicher Augenhöhe zu sein. Zudem bedeutet Zuhören nicht, alles gut zu heißen, jedoch sollte mit der eigenen Meinung sparsam umgegangen werden, um dem Kind die Selbstreflexion zu ermöglichen.

Wenn du deinem Kind aktiv zuhörst, spürt dein Kind Akzeptanz und erfährt Aufmerksamkeit und Einfühlungsvermögen deinerseits.

Das Kind kann sein Verhalten selbst beurteilen und wird angeregt, seine Probleme selbst zu lösen.

Struktur im Tagesablauf und gemeinsame Aktivitäten

Warum feste Rituale und Struktur für Kinder so wichtig sind

An welche Rituale erinnerst du dich gerne, wenn du an deine Kindheit denkst? Wird es dir da warm ums Herz?

Was sind Rituale?

Rituale sind bewusste Verhaltenswiederholungen, sogenannte Gewohnheiten. Und sie werden bewusst immer und immer wieder wiederholt. Und gerade mit diesen immer wiederkehrenden Wiederholungen können wir besonders Kindern helfen, den Alltag bewusster zu gestalten und zu erleben. Durch diese bewusste Wiederholung schaffen wir eine Struktur, welche von unseren Kindern sehr positiv und sehr bewusst angenommen wird.

Rituale geben unserem Leben eine positive Ausrichtung. Mit Ritualen lernen wir ganz kleine Ereignisse, z. B. nach dem Essen etwas Kleines naschen zu können, wirklich wertzuschätzen. Aber auch größere Ereignisse wie Geburtstage oder Weihnachten zu feiern machen uns viel mehr Spaß, wenn an diesen Tagen besondere Rituale eingebaut sind, z. B. wenn man am Geburtstag mit der Familie zusammen essen geht, oder es wird ein schöner Frühstückstisch mit Geburtstagskuchen gedeckt. Es gibt so viele Ideen und Möglichkeiten, wie man einen Geburtstag schön gestalten kann.

Ebenso lassen sich auch schwierige Situationen im Leben leichter meistern, wenn in diesen Zeiten das richtige Ritual etwas hilft. Rituale unterliegen bestimmten Regeln und folgen immer einem festen Ablauf. Kinder brauchen einen geregelten Tagesablauf. Sie bilden sozusagen ein Gerüst für ein zufriedenes Kinderleben. Auch die Forschung sagt, dass feste Fixpunkte im Tagesablauf für die psychische und physische Gesundheit der Kinder wirklich notwendig sind. Und es sollte im Tagesablauf mindestens zwei feste Fixpunkte geben. Ein sehr wichtiges Ritual ist, dass dein Kind immer zur gleichen Zeit ins Bett geht, und nicht zu vergessen feste, gemeinsame Mahlzeiten.

Solltest du merken, dass dein Kind zur gewöhnlichen Bett-geh-Zeit noch nicht müde ist, sollte dein Kind nicht dazu gezwungen werden. Es sollte probiert werden. Wenn dein Sprössling allerdings toben will oder noch ein Buch anschauen will, darfst du dem Bedürfnis nachgeben und solltest dein Kind niemals unter Tränen ins Bett schicken.

Feste Mahlzeiten zusammen mit der Familie dürfen nicht fehlen, auch wenn in der heutigen Zeit für jedes einzelne Familienmitglied ein Termin nach dem anderen folgt und vieles sehr stressig erscheint. Einmal am Tag gemeinsam an einem Tisch mit allen zu essen sollte ein festes Ritual sein. Hier wird über den Tag gesprochen und über die kommenden Tage etwas ausgetauscht, Termine genannt usw.

Rituale geben Stabilität, Sicherheit, Geborgenheit und Verlässlichkeit. Das heißt, wenn jeden Tag bestimmte Rituale ablaufen, verinnerlicht das Kind dies. Und wenn du einmal als Elternteil nicht da bist, du z. B. auf Geschäftsreise bist, wird dein Kind diese Rituale automatisch weiterführen, wodurch dein Kind in seiner Selbstständigkeit gefördert wird.

Rituale reduzieren die Ängste unserer Kinder, weil sie wissen, was auf sie zukommt, wie der Tag ablaufen wird und wie man sich in einer bestimmten Situation verhält. Die Kinder haben eine Struktur, die ihnen Sicherheit gibt. Dies führt dazu, dass ihre Persönlichkeit gestärkt wird.

Du hilfst damit nicht nur deinem Kind, sondern auch dir. Fest eingeplante Punkte liefern einen Fahrplan für täglich wiederkehrende Situationen. Mit deinem Kind müssen somit bestimmte Abläufe nicht immer wieder neu ausdiskutiert werden. Das heißt: Mit der Einführung bestimmter Rituale hilfst du auch dir als Elternteil selbst den Tag zu strukturieren.

Welche Rituale gibt es in deiner Familie? Welche fallen dir ein?

Neben den automatischen Ritualen, wie zusammen Abend zu essen, hilft es dem Kind, Gegenstände mit einzubauen. Wie z. B. beim Einschlafen ein Kuscheltier bei sich zu haben. Dies könnte helfen, dass dein Kind ruhiger schläft und weniger Angst vor der Dunkelheit hat.

Später im Jugendalter kann z. B. ein Buch oder ein Lied ein „Ritualgegenstand“ sein. Ein „Ritualgegenstand“ muss nicht unbedingt etwas Materielles sein, sondern kann auch eine Umarmung oder ein Kuss sein.

Wichtig für dich ist zu wissen, dass Rituale auch schaden können, und zwar, wenn sie zwanghaft ausgeführt werden.

Dein Kind mag ein bestimmtes Ritual nicht? Und du bestehst als Elternteil darauf?

Dann könnte es deinem Kind psychisch schaden. Deshalb überdenke alle Rituale, alle Gewohnheiten, die in deiner Familie vorhanden sind.

Wird wirklich jedes Ritual mit Freude ausgeführt oder ist es für dein Kind ein Zwang?

Ich habe eine Freundin und sie hat mir von einem Ritual erzählt, welches sie als Kind in ihrer Familie ausführen musste und sie konnte sich bis jetzt als Erwachsene noch nicht richtig davon erholen. Immer wenn im näheren Umfeld oder im Verwandtenkreis jemand gestorben ist, musste sie von ihren Eltern aus mit auf die Beerdigung gehen und sich von dem Toten verabschieden. Als Kind wollte sie nicht zu der Beerdigung ihrer Tante gehen. Sie hat diesen Wunsch ausdrücklich ihren Eltern mitgeteilt (sie war zu dieser Zeit 9 Jahre alt). Und sie ängstigte sich davor, auf den Friedhof zu gehen und ihre Tante tot zu sehen. Da ihre Familie wollte, dass sich jedes Familienmitglied verabschieden sollte, musste sie mitgehen. Das Ergebnis: Sie empfindet im Erwachsenenalter noch immer Ängste, wenn sie zu einer Beerdigung muss. Du siehst an diesem Beispiel, dass zwanghafte Rituale wirklich psychisch schaden können.

Aus diesem Grund hinterfrage und überprüfe alle deine Gewohnheiten. Und zwar regelmäßig.

Wenn du merkst, dass sie zwanghaft ausgeführt werden und dein Kind sich dabei nicht wohl fühlt, solltest du diese überdenken, anpassen oder ganz darauf verzichten.

Dabei sollte immer berücksichtigt werden, dass sie dem Alter und den Bedürfnissen deines Kindes entsprechen sollten.

Bringst du aus deiner eigenen Familie bestimmte Rituale mit die aber nicht unbedingt für dein Kind passen?

Sind diese noch aktuell und dienen sie dem Wohlbefinden deiner Familie?

Wenn nicht, passe sie an!

Wie führst du ein Ritual in den Tagesablauf ein?

Am besten fängst du mit ein bis zwei Ritualen an. Hat dein Kind das vierte Lebensjahr erreicht, kannst du in einer Familienkonferenz über sie sprechen, so dass wirklich jedes Familienmitglied seine Meinung äußern kann und die Rituale somit von allen abgesegnet sind. Ist dein Kind noch zu jung dafür, kannst du dich mit deinem Partner zusammensetzen und darüber sprechen, welche Gewohnheiten euren Alltag verschönern, und diese dann in euren integrieren.

Und habe dabei keine Bedenken, wenn der Tag oft sehr ähnlich abläuft. Kinder lieben das und es gibt ihnen Sicherheit. Für dich mag es vielleicht langweilig sein und du denkst, man bräuchte eine Abwechslung, aber nein, für Kinder ist Routine etwas ganz Wichtiges. Wiederholung gibt ihnen Verlässlichkeit. Rituale sind kein Muss, auf das Sanktionen folgen, wenn diese nicht ausgeführt werden. Das sollte man nicht verwechseln.

Du kannst hier sehr kreativ werden und überlegen, was gut für dein Kind und für deine Familie passt.

Spielt dein Kind z. B. gerne Tischspiele, dann plane mit deinem Kind Zeit ein, in der ihr zusammen regelmäßig spielt. Hat dein Kind ein Lieblingsspiel gefunden und ihr seid einmal im Urlaub, nehmt dieses Spiel einfach mit. Das hilft deinem Kind und dir.

„Aus der Hirnforschung ist bekannt, dass es etwa 50 Wiederholungen braucht, bis eine neuronale Vernetzung im Gehirn entsteht.“ (Susanne Stöcklin-Meier)

Jede Familie hat andere Wünsche, Bedürfnisse und Werte.

Deshalb tragen gemeinsam besprochene und gewählte Gewohnheiten zu einem harmonischen Miteinander bei und stärken die emotionale Verbindung innerhalb deiner Familie. Kinder mit Eltern, die sich Zeit für sie nehmen, schätzen diese umso mehr.

Außerdem lernt dein Kind, das Gelernte auch außerhalb der Familie anzuwenden wie z. B. in der Kindertagesstätte oder in der Schule. Kinder, die keine Möglichkeit bekommen familiäre Werte einzuüben, werden eher von Freunden beeinflusst, die nicht unbedingt ihr Bestes wollen.

Die Wichtigkeit des Vorlesens:

Laut eines Berichtes auf Punkt 12 am 29. Oktober 2019 über die „Stiftung Lesen“ in Berlin gibt es 1,5 Millionen Kinder in Deutschland, denen zu selten oder nie vorgelesen wird. Dabei ist das Vorlesen für Kinder sehr wichtig. Es hat direkte und nachweisbare Auswirkungen auf die Leistungen in der Schule. Kinder, denen vorgelesen wird, sind erfolgreicher in der Schule, sie lernen schneller lesen und integrieren sich besser. Immerhin nehmen zwei Drittel der Eltern, zusammen mit ihren Kindern, ein Buch in die Hand und nehmen sich die Zeit ihren Sprösslingen ein Buch vorzulesen. Kinder äußern in diesem TV-Bericht, dass es ihnen sehr wichtig war, dass ihnen vorgelesen wurde, weil sie besser einschlafen konnten. Eine Mutter erzählt, dass dadurch ihr Kind weniger das Tablet oder Handy wählt, sondern eher lesen möchte. Experten empfehlen schon früh mit Wimmelbüchern oder Bilderbüchern zu beginnen. Laut Stiftung reichen 15 Minuten Vorlesen pro Tag. Kinder werden dadurch kreativer und haben einen größeren Wortschatz. Laut des Hirnforschers Manfred Spitzer passiert in einem kindlichen Gehirn folgendes: Durch das Vorlesen werden die Sprachzentren aktiviert und gleichzeitig auch die Vorstellungszentren. Außerdem wird durch das Vorlesen von Geschichten zusätzlich die soziale Kompetenz gefördert und der Gerechtigkeitssinn gestärkt. Und wenn diese Geschichten von einer Bezugsperson wie der Mama / dem Papa erzählt werden, stärkt das die Bindung und macht die gemeinsame Zeit noch schöner.

Möglichkeiten für die gemeinsame Familienzeit:

- Gemeinsame Ausflüge unternehmen.
- Spiele spielen.
- Basteln und forschen.
- Zusammen Kochen.
- Bewegung an der frischen Luft usw.

Bei diesen gemeinsamen Aktivitäten erlebst du dein Kind in verschiedenen Bereichen und wirst schnell herausfinden, welche Stärken und Schwächen dein Kind hat, was ihm Freude bereitet und was nicht. Zudem lässt sich gut beobachten, wie viel Ausdauer und Konzentration dein Kind hier an den Tag legt. Du kannst dein Kind ermutigen, seine Talente und Fähigkeiten zu nutzen.

Egal, welche Aktivitäten für diese Familienzeit geplant sind, – rege dein Kind immer auch zum Reden an! Am besten natürlich, indem du als Mama und Papa mit gutem Beispiel voran gehst. Erzähle, was du in der Woche erlebt hast. Was dich vielleicht geärgert hat und worüber du dich besonders gefreut hast. Dein Kind wird irgendwann mit einsteigen und von sich aus erzählen. Sprecht auch über Dinge, die die Familie betreffen. Solche Gespräche jeder Art tun einfach gut. So können Konflikte und Missverständnisse gelöst werden. Für dein Kind steigt so die Bereitschaft, auch bei Problemen immer ein offenes Ohr und den Raum innerhalb der Familie zu haben und darüber reden zu können. Dein Kind verspürt Rückhalt, sein Selbstwertgefühl wächst und Stress wird abgebaut.

Dies fördert den Zusammenhalt und das Vertrauen, zwischen dir und deinem Kind. Dein Kind fühlt sich geborgen. Das ist eine schöne Erfahrung, die du schon bald nicht mehr missen möchtest.

Selbstbewusstsein – sich seiner selbst bewusst sein

Immer wieder werde ich gefragt: Was ist denn Selbstbewusstsein?

Sich seiner SELBST BEWUSST ZU SEIN bedeutet, in sich hinein zu spüren und ein Gefühl dafür zu bekommen, was man selbst braucht. Für Kinder ist es wichtig, dass man ihnen von klein auf schon zeigt, was dies bedeutet.

Wenn sich dein Kind SEINER SELBST BEWUSST IST, geht es um viel mehr, als nur nach außen hin stark aufzutreten, sondern auf Folgendes zu achten:

Was braucht dein Kind? Was denkt und fühlt es?

Und dies sollte es auch äußern dürfen und auch ernst genommen werden, ohne dass es dafür bewertet wird. Wenn dein Kind zu Hause bewegen will, sollte es sich bewegen dürfen, wenn es Hunger hat, sollte es essen dürfen, und wenn ihm etwas auf dem Herzen brennt, sollte es dies äußern dürfen. Auch wenn dein Kind Ruhe braucht, wird es sich von sich aus zurückziehen, was sehr förderlich für die Gesundheit ist.

Für dein Kind ist es sehr wichtig, ein Gespür dafür zu bekommen, und zu lernen, gut in sich hineinzuhorchen.

Die innere Stimme kennt den Weg.

Kinder haben einen viel besseren Zugang zu sich selbst als wir Erwachsene. Leider ist es oft so, dass dieses Gefühl ignoriert und vernachlässigt wird. Je älter wir werden, umso mehr verlernen wir uns unserer selbst bewusst zu sein, und nicht selten äußert sich dies dadurch, dass uns körperliche Signale oft darauf hinweisen.

Aus meiner Erfahrung macht sich das bei Kindern schon in sehr frühen Jahren bemerkbar:

Meistens in Form von Kopfschmerzen, Bauchschmerzen, Hautproblemen, Schlafstörungen und Essstörungen, um nur einige wenige zu nennen. Hier sollte man sofort reagieren, um nicht Gefahr zu laufen, dass Kinder in ein Burn-out geraten oder in eine Depression verfallen.

Hierzu eine Statistik:
„Leichte depressive Verstimmungen bis hin zu schweren depressiven Störungen gehören zu den **häufigsten psychischen Erkrankungen** bei Kindern und Jugendlichen. Im Vorschulalter sind ca. 1 % der Kinder und im Grundschulalter ca. 2 % betroffen. Aktuell erkranken etwa 3-10 % aller Jugendlichen zwischen 12 und 17 Jahren an einer Depression." (https://www.deutsche-depressionshilfe.de/depression-infos-und-hilfe/depression-in-verschiedenen-facetten/depression-im-kindes-und-jugendalter) deutsche-depressionshilfe.de/depression-infos-und-hilfe/depression-in-

verschiedenen-facetten/depression-im-kindes-und-jugendalter

Die Zahlen sind beachtlich, wenn man sich überlegt, wie man hier gegensteuern kann, und zwar, indem man dem Kind gewährt SICH SEINER SELBST BEWUSST ZU SEIN.

Für dich als Elternteil ist es ebenso wichtig, dass du dir deiner selbst bewusst bist und als gutes Vorbild voran gehst. Kinder lernen von dir und schauen sich alles ab. Ist dein Kind im Modus SICH SEINER SELBST BEWUSST ZU SEIN?

Dann ist es innerlich gefestigt und du wirst dies in seinem Auftreten erkennen können.

Es beginnt alles zuerst im Inneren

Den Gedanken, den Gefühlen und Emotionen.
Ist dein Kind hier im Einklang, wird es äußerlich sichtbar.

Wenn dein Kind weiß, was es fühlt und braucht, bekommt es den Zugang zu seinen Eigenheiten, Stärken und Schwächen. Es wird sich seiner Persönlichkeit bewusst und akzeptiert sich so wie es ist.

Selbstbewusst zu sein bedeutet auch, dass dein Kind selbst an sich glaubt: Von seiner eigenen Person, seinem Handeln, Denken und Fühlen überzeugt ist.

Zu sich selbst sagen können

„Ich bin gut, so wie ich bin!"
„Ich liebe mich mit all meinen starken und schwachen Seiten, denn die machen mich einzigartig."

Selbstbewusstsein ist eine innere Einstellung zu sich selbst.

Die Frage: *„Wer bin ich und was macht mich aus?"* bringt es auf den Punkt.

Wenn aber ein Kind des Öfteren die Erfahrung macht, dass es abgelehnt oder bewertet wird, kann es zu der Überzeugung kommen:

- „Mich mag keiner."
- „Ich bin nichts wert."
- „Ich bin nicht gut genug."
- „Ich kann nichts."

- „Ich muss immer nur kämpfen."

Diese Sätze höre ich immer wieder von Kindern, und deshalb ist es so wichtig, sie gut dabei zu unterstützen und zu hinterfragen, woher diese Überzeugung kommt (mehr dazu in Kapitel 17).

Den größten Einfluss auf die Entwicklung des Selbstbewusstseins hast du als Elternteil oder andere frühe Bezugspersonen.

In den ersten Lebensjahren werden deinem Kind seine Verhaltens- und Denkmuster mitgegeben, denn in dieser frühen Prägungszeit ist dein Kind noch nicht fähig eine eigene Meinung zu haben oder zu unterscheiden, was *„gut"* oder *„richtig"* ist. Deshalb übernimmt dein Kind deine Verhaltensweisen.

WORAN erkennst du, dass dein Kind selbstbewusst ist?

- Dein Kind kann gut damit umgehen, dass es einmal „Fehler macht" und akzeptiert diese.
- Dein Kind kann in einem angemessenen Ton seine Meinung äußern, ohne sich vor Kritik oder Ablehnung zu fürchten.
- Dein Kind kann Lob annehmen.
- Dein Kind kann mit Kritik umgehen.
- Dein Kind ist kontaktfreudig und kann auf andere zugehen.
- Dein Kind ist dazu in der Lage seine Wünsche und Bedürfnisse zu äußern.
- Dein Kind kann auch einmal Forderungen stellen.
- Dein Kind ist fähig auch einmal Nein zu sagen.

Woher kommen dennoch Hemmungen und Scheu?

1. Die Angst vor **Ablehnung.**
2. Die Angst vor **Versagen.**

Diese zwei Ängste sind möglicherweise die am meisten verbreiteten. Sie sind häufig durch gemachte Erfahrungen begründet. Gerade Kinder haben große Schwierigkeiten damit, wenn sie von anderen abgelehnt werden. *„Ihr Selbstbewusstsein sinkt, und sie schränken sich dadurch selbst in ihrer Entwicklung ein."* (Christian Bischoff)

Versagen gehört zum Leben. Auch dein Kind wird immer wieder durch irgendwelche Umstände zurückgeworfen.

Das kann die unterschiedlichsten Ursprünge haben, z. B. es schafft etwas nicht in der vorgesehenen Zeit, es fehlt ihm an noch nicht erworbenen Fähigkeiten, oder es ist vielleicht auch einfach zu viel für dein Kind.

Jedes Kind hat immer wieder einmal Herausforderungen zu meistern, und deshalb ist es für dich als Elternteil so wichtig zu hinterfragen, warum dein Kind schüchtern ist oder sogar Hemmungen hat anstatt selbstsicher und selbstbewusst aufzutreten. Hier könnte also eine der beiden Ängste dahinter liegen.

Bedingungslose Liebe und Vertrauen

Was bedeutet bedingungslose Liebe?

Man hört immer, man solle sein Kind bedingungslos lieben.

Aber was ist denn eigentlich bedingungslose Liebe?
Was verstehst du darunter?
Und wie soll das funktionieren?

Carl Rogers (Psychologe, Psychotherapeut) formuliert es so:
„Ungeschuldete Liebe, das heißt die Einstellung der Eltern und anderen Bezugspersonen muss sein, das Kind zu lieben so wie es ist. Darunter versteht man, dass die elterliche Liebe nicht an Bedingungen geknüpft werden darf. Vor allem nicht an Bedingungen, welche das Kind nicht im Stande ist zu erreichen."

Unter bedingungsloser Liebe verstehe ich, dass du dein Kind liebst, ohne dass es dafür Leistung erbringen muss. Du liebst dein Kind nicht mehr, wenn es gute Leistung erbringt und du liebst dein Kind nicht weniger, wenn es schlechte Leistung zeigt. Hier ist es wichtig, dass du dein Kind animierst und anspornst.

Es passiert leider immer wieder, dass Eltern ihre Kinder zu Höchstleistungen anspornen, indem sie sie emotional erpressen: „Wenn du eine 1 schreibst, dann liebe ich dich noch mehr. Wenn du im Fußballspiel gewinnst, dann liebe ich dich noch mehr."

Eltern versuchen ihre Kinder gut gemeint, aber leider nicht gut gemacht, dadurch zu pushen, indem sie sagen: „Dann bekommst du als Belohnung mehr Liebe von mir."

Oder umgekehrt zeigen Eltern ihren Kindern, dass, wenn ihre Kinder ihre Erwartungen nicht erfüllen, weniger geliebt werden. Oft sind die Eltern enttäuscht, traurig oder sie wenden sich von ihren Kindern ab. Und dies ist emotionale Erpressung.

Die Kinder müssen einer Sache gewiss sein: **Und das ist die Liebe zu deinem Kind.**

Und dein Kind sollte auf jeden Fall das Urvertrauen haben, dass deine Liebe nicht weniger wird, wenn es schlechtere Leistung erbringt oder deine Erwartungen nicht erfüllt.

Sonst lechzt dein Kind ständig nach deiner Liebe, nach deiner Anerkennung und nach deiner Aufmerksamkeit.

Vielleicht kennst du das von dir?

Oder du kennst jemanden in deinem Umfeld?

Es gibt sehr viele Menschen, die sich oft nach der Liebe ihres Vaters sehnen. Und sie tun alles, damit der Vater ihnen seine Anerkennung zollt. Und wenn diese Anerkennung nicht kommt, dann fallen diese Menschen oft in sich zusammen.

Deshalb sage als Mama und Papa deinem Kind täglich, dass du es einfach nur seinetwegen liebst. Du liebst dein Kind dafür, dass sich dein Kind dafür entschieden hat, dein Kind zu werden und dich als Mama und Papa auszusuchen. Oder in ein Leben zu treten, indem du es eine Zeit lang begleiten darfst. Und nur dafür liebst du dein Kind.

Das verstehen schon die jüngsten Kinder. Sage deshalb zu deinem Kind: „Es ist egal, ob du etwas gut kannst oder nicht gut kannst, meine Liebe ist immer gleich. Ich kann mich einmal ärgern über dich. Ich kann auch einmal sauer auf dich sein. Oder ich kann auch einmal sehr stolz sein auf dich. Das hat aber nichts mit der Art oder mit der Intensität zu tun, wie ich dich liebe."

Und vielleicht wird es einmal Zeit, dass du deinem Kind auch sagst: „Schatz, ich liebe dich einfach nur dafür, dass du da bist und dass es dich gibt. Du bist ein Geschenk. Und für dieses Geschenk bin ich dankbar."

Wann hast du denn das letzte Mal deinem Kind gesagt:

„Ich liebe dich so wie du bist?"

Und zwar ohne, dass zuvor etwas gewesen ist. Ohne, dass du zuvor ein schlechtes Gewissen hattest. Ohne, dass dein Kind Leistung erbracht hat. Ohne, dass irgendetwas war.

Einfach nur so, weil es gerade deinen Weg gekreuzt hat. Und wenn das schon ein bisschen länger her ist, dann hole es doch einfach nach. Es ist nie zu spät. Sag es ihm und meine es auch so.

Oft fragen mich Eltern, ob man sein Kind zu viel lieben kann und ob es sich negativ aufs Kind auswirkt. Meine Antwort lautet: „Nein." Zu viel Liebe, bedingungslose Liebe, gibt es nicht. Im Gegenteil. Und Liebe meint nicht materielle Zuwendung.

Bevor du dein Kind erziehen willst, sollte zuerst in die Beziehung investiert werden, damit sich dein Kind wertgeschätzt fühlt. Nur so kann Urvertrauen aufgebaut werden.

Und gerade, wenn ihr im Moment einige Herausforderungen oder vielleicht ein schwieriges Verhältnis miteinander habt oder dein Kind sich abwendet, dann kann so etwas Wunder bewirken.

Ich erlebe es immer wieder, dass bei schlechteren schulischen Leistungen die Kinder Angst verspüren dies ihren Eltern mitzuteilen. Sie äußern auch oft: „Ich bin zu dumm. Ich kann nichts usw."

Ein innerer Druck entsteht und Kinder zeigen dies oft mit ihrem Verhalten, indem sie ihre Gefühle zum Ausdruck bringen, wie z. B. Wut und Traurigkeit. Dies äußert sich entweder in Form von Aggressionen sich selbst oder anderen gegenüber oder sie ziehen sich zurück und wirken sehr traurig.

Zeigt dein Kind solche Verhaltensweisen bei dir oder du bist vielleicht gerade wütend und enttäuscht, dann klärt dies zeitnah, und zwar wenn die Emotionen wieder neutral sind, damit dein Kind nicht Angst um deine Liebe haben muss.

Wenn du Mama und Papa von mehreren Kindern bist, wäre es unverzeihlich, wenn du beide Kinder miteinander vergleichst. Jedes Kind ist einzigartig und gut so wie es ist. Egal wie es aussieht, egal welche Stärken und Schwächen es hat, egal welche Einschränkungen es hat oder unsere Erwartungen erfüllt. Liebe sollte bedingungslos sein.

„Je näher wir dem Ideal der bedingungslosen Liebe kommen, desto zufriedener sind wir als Eltern und desto zufriedener wird unser Kind." Ross Campel

Kennst du das auch?

Du stehst stark unter Stress, dieses und jenes ist noch zu erledigen, du hattest einen langen Arbeitstag und dein Kind will gerade auch noch etwas von dir? Da fällt es dir möglicherweise gar nicht so leicht, positiv auf dein Kind einzugehen. Und genau in solchen Momenten macht dein Kind was es will und hört nicht mehr zu, was du sagst oder von ihm verlangst.

Dein Kind ist dein Spiegel. Bist du gestresst, wirkt sich das auf dein Kind aus. Und wenn sich dein Kind in solchen Situationen nicht gesehen fühlt oder deine Aufmerksamkeit nicht bekommt, wird es alles dafür tun, diese zu bekommen. Nimmst du dir jedoch genügend Zeit für dich und auch für dein Kind, wird schneller wieder Familienharmonie einkehren.

Hast du manchmal ein schlechtes Gewissen, wenn du zu wenig Zeit für dein Kind hast?

Bist du dann nachgiebiger, obwohl du es nicht sein solltest?

Dann passiert dies aus falscher Rücksichtnahme.

Dein Kind braucht dich echt und ehrlich und will dich so erleben, dass du als Vorbild weißt, was du willst. In den wie oben genannten Situationen kostet ein „Nein" oft viel Kraft.

Bedingungslose Liebe stärkt das Urvertrauen und gibt Sicherheit. Und wenn ein liebevolles Miteinander erfüllt ist, benötigst du weniger Sanktionen, strenge Ansprachen bzw. autoritäre Führung! Dein Kind kooperiert dann gerne mit dir. Das lohnt sich doch für dich, oder?

Ich durfte bisher viele Familien als Pädagogin und Familiencoach begleiten. Viele Eltern wünschen sich, dass ihr Kind auf das Gymnasium geht und einen „anständigen Beruf" lernt bzw. studiert. Man will ja schließlich das Beste für sein Kind. Dass aus ihm etwas wird.

Manchmal versuchen Eltern gerade deswegen ihr Kind in einen Rahmen zu pressen.

Wenn dies aber nicht das ist, was ein Kind will? Ein Kind hat vielleicht andere Pläne und Wünsche bzw. kann das gar nicht leisten und dies sollte respektiert werden. Wenn ein Kind später aus seiner eigenen Motivation heraus noch studieren will oder auch etwas ganz anderes machen will, dann wird es das machen, und zwar ohne Zwang und Erwartungshaltung.

Gut ist, wenn dir die Bedürfnisse deines Kindes auffallen und du dir dessen bewusst bist. Bei dieser Bewusstwerdung solltest du vor allem deine tief verborgenen Bedingungen und Erwartungen aufspüren, die du vielleicht schon von deinen eigenen Eltern eingeimpft bekommen hast.

Gerade die ganz tiefen Erwartungen, die von dir nicht ausgesprochen werden, sondern im Umgang mit deinem Kind unbewusst mitschwingen, beeinflussen deine Beziehungen zu deinen Lieben.

Kinder haben eine unglaublich sensible und reine Empfindung, sie können deine unbewussten, verborgenen Prägungen spüren und werden darauf reagieren.

Möglicherweise wird dein Kind, wenn es lernt, dass es nur geliebt wird, wenn es funktioniert, große Schwierigkeiten haben sich später selbst anzunehmen und sich selbst zu vertrauen.

Ein Kind, das nur Liebe erfährt, wenn es von außen Anforderungen erfüllt, wird auch im Erwachsenenalter in äußeren Dingen seine Erfüllung suchen und vielleicht irgendwann schmerzlich erleben und erfahren müssen, dass es dort nur immer kurzfristige Zufriedenheit findet. Bedingungslose Liebe meint jedoch nicht, dass wir unseren Kindern keine Grenzen mehr setzen.

Grenzen gehören zum Leben. Auf diesen Punkt gehe ich in Kapitel 14 näher ein.

Vertrauen

Kinder brauchen Vertrauen, um glücklich zu sein. Vertrauen in die körperliche Entwicklung. Und es gibt Statistiken, in welchem Alter ein Kind im Durchschnitt welche Fähigkeit entwickelt. Wenn du merkst, dein Kind ist da nicht „in der Norm", sei einfach entspannt und vertraue. Bei einigen geht es schneller und bei anderen geht es langsamer. Vertraue darauf, dass alles zur rechten Zeit kommt, und du wirst spüren: Wenn du auf deine Intuition hörst, dann kannst du bei Bedarf auch behutsam geeignete Schritte einleiten.

Ebenso von Bedeutung ist es, Vertrauen in die geistige Entwicklung deines Kindes zu haben, vor allem im schulischen Bereich. Gerade wenn du merkst, dass dein Kind nicht so schnell lernt, ist es wichtig, dass du dir dann nicht zu schnell irgendwelche Diagnosen ausmalst oder sie stellen lässt.

Manche Kinder lernen einfach erst später das Lesen und das Schreiben und manche werden es ihr ganzes Leben lang nicht gut können. Hier heißt es behutsam zu sein, denn durch diesen „Stempel" entwickeln Kinder das Gefühl nicht gut genug zu sein, und dies kann Kinder stark blockieren. In unserer Gesellschaft wird da oft zu schnell gehandelt und Diagnosen werden gestellt. Es gibt Langzeitstudien, die belegen, dass diese Kinder später „weniger gute Berufe" ausüben, weil sie eben verinnerlicht haben, dass sie das nicht gut können. Und mit so einem Gefühl gehen sie hinaus in die Welt. Vergleichbare Kinder in anderen Ländern, die im gleichen Fall keine Diagnosen haben, gehen einfach hinaus in die Welt und denken, dass mit ihnen ist alles in Ordnung ist, und gehen ihren Weg.

Nicht zu vergessen ist das Vertrauen in die emotionale Entwicklung. Dies liegt mir persönlich sehr am Herzen. Wie oft denken wir, das Kind sei nicht normal und wieder einmal viel zu wütend. Vielleicht erinnerst du dich selbst an deine Trotzphase, wie sie früher genannt worden ist. Heute kann man sagen, es ist einfach eine Phase, die sich auch wieder stabilisiert, und sie gehört zu einem gesunden Entwicklungsprozess dazu. Auch Gefühle wie Langeweile sind vollkommen in Ordnung. Hier kannst du deinem Kind sagen: „Ich freue mich, gleich wird dir etwas einfallen oder auch nicht. Vielleicht langweilst du dich den ganzen Tag." Auch das kann dazu gehören. Bei Wut und Aggression, also bei allen unguten Gefühlen, die gesellschaftlich negativ behaftet sind, ist es notwendig, dass du entspannst. Polarität ist wichtig und gehört zum Leben. Glücksgefühl und Traurigkeit/Wut gehören genauso dazu. Man braucht die Traurigkeit, um Freude spüren zu können.

Vertraue den Interessen deines Kindes. Wenn du feststellst, dein Kind spielt mit Lego Chima und das ist doch nur Kampf und Krieg bzw. kriegsverherrlichendes Spielzeug, heißt das nicht, dass dein Kind Soldat wird. Kinder sollten sich beim Spielen ausleben dürfen. Du kannst ja sagen, dass dir das selbst nicht so gut gefällt und du es nicht so gut findest. Nutze dieses Spielverhalten, um mit deinem Kind ins Gespräch zu kommen, und zeige ihm hier deine Sicht der Welt. Wenn zum Beispiel deine Tochter nur mit Barbie spielen will, muss es kein magersüchtiges Kind werden. Auch diese Phasen sind wichtig. Und gerade in der Abgrenzung zu dir als Elternteil, wenn du merkst, dass du das nicht möchtest, dann ist dein Kind vielleicht besonders scharf darauf, weil es ein Gegenpol zu deiner Vorstellung ist. Hier kannst du beruhig sein, denn dein Kind schaut immer, was du machst und was du großartig findest. Und mit der Zeit gleicht sich das wieder aus. Dein Kind wird seinen eigenen Weg gehen und sich selbst gut regulieren können, wenn du die Interessen deines Kindes akzeptierst. Will dein Kind stundenlang ein und das gleiche spielen oder immer wieder eine Serie schauen, sollte es selbst lernen dürfen, damit umzugehen. Natürlich kannst du das in Bahnen lenken, wenn etwas nicht Alters entsprechend ist. Ist das Spiel oder die Serie jedoch Alters entsprechend, kann dir der Gedanke helfen, ob du deiner besten Freundin oder deinem besten Freund verbieten würdest eine bestimmte Sendung anzuschauen. Überlege in Ruhe, fühle in dich hinein, wie das ist, und du wirst eine innere Stimme haben, die dich diesbezüglich leitet.

Gefühle zeigen dürfen

Im letzten Kapitel ging es um bedingungslose Liebe. Und diese ist maßgeblich für die Gefühle, die dein Kind entwickeln wird. Zeige deinem Kind, wie du mit deinen Gefühlen umgehst, denn schon in den ersten Lebensmonaten und Jahren entscheidet sich, wie dein Kind später mit seinen Gefühlen umgehen wird.

Kinder haben sehr feine Antennen und spüren schnell, wenn etwas nicht stimmt. Ob es zwischen dir und deinem Partner kriselt, du Geldsorgen oder eine schlechte Diagnose bekommen hast. Dein Kind will wissen, wie es um dich steht, weil es sich sonst Sorgen macht und sich nicht mehr auf seine Dinge konzentrieren kann. Die Wahrheit auszusprechen ist manchmal nicht leicht, trotzdem solltest du deinem Kind deine Gefühle zeigen. Dein Kind braucht dich echt und authentisch. Nur dann bist du für dein Kind glaubwürdig. Das wird eure Bindung und euer Vertrauen stärken. Spiele deinem Kind nichts vor, nur weil du glaubst, es wäre vielleicht noch nicht alt genug oder du es nicht zusätzlich belasten möchtest. Du belastest es mehr, wenn du dich verstellst. Nicht alle Themen sind für das Alter deines Kindes geeignet. Höre auf dein Bauchgefühl, es wird dir den richtigen Weg zeigen.

Wenn es um dein Kind geht und du dir Sorgen machst, ob wegen einer Diagnose oder anderen Dingen, sprich ehrlich und offen mit deinem Kind darüber. Bei einer Diagnose, die dein Kind betrifft, hole dir Rat vom behandelnden Arzt. Er wird dich dabei begleiten und unterstützen, wann und wie du mit deinem Kind darüber sprechen kannst. Je früher du das für dich klärst, umso einfacher wird es für dich und alle Beteiligten. Und dein Kind macht die Erfahrung, dass du es immer ehrlich mit ihm meinst. Was auch immer dich gerade beschäftigt und bewegt und dir vielleicht in gewissen Situationen die nötige Stärke fehlt, hole dir Hilfe, bevor du schweigst. Auch wenn es dich Mut kosten wird, sollst du wissen, dass du nicht immer alles mit dir allein ausmachen und schaffen musst. Ich durfte in solchen Lebenssituationen bereits einige Familien dabei unterstützen, so dass sie nach einschneidenden Erlebnissen wieder Zuversicht und Ruhe verspürten und in der Familie wieder Harmonie einkehrte.

Kinder ahmen von Natur aus nach, so funktioniert Lernen. Ein Kind lernt den Umgang mit seinen Gefühlen und Emotionen im sozialen Gefüge und im Idealfall in der Familie, also von dir.

Gefühle sind angeboren, und du kannst deinem Kind helfen, dass es seine Gefühle erkennt, egal wie sie gerade ausgedrückt werden. Wenn deinem Kind mit der Zeit seine Gefühle vertraut sind, kann es seine Gefühle immer besser ausdrücken und einordnen.

Jedes Gefühl hat seine Berechtigung, und das solltest du dir als Elternteil bewusst machen.

Kinder, die ein herausforderndes Verhalten zeigen und damit den Erwachsenen und auch andere Kinder, die mit ihnen zu tun haben, an ihre Grenzen bringen, gibt es in allen Altersstufen und Lebensbereichen.

Am besten ist, wenn du verstehst, warum dein Kind momentan bestimmte Gefühle empfindet und diese zum Ausdruck bringt. Dazu möchte ich dir einen kleinen Einblick in die kindliche Psychologie geben.

Die Psychologie geht davon aus, dass es 4 Grundgefühle gibt, alle anderen Formen sind Mischformen:

- Wut
- Furcht/Angst
- Traurigkeit
- Freude

Freude entsteht erst, wenn vorher die anderen drei Gefühle erlebt und empfunden wurden.

Die Wut ist das Grundgefühl, das dein Kind empfindet, wenn es sich z. B. ungerecht behandelt fühlt. Und dein Kind wird dieses Gefühl in der Regel zum Ausdruck bringen, wenn es ihm gelernt wurde. Man sieht es meistens an seiner Mimik und es äußert vielleicht: „Ich bin jetzt wütend!"

Diese Wut, wenn sie ausgelebt wird, erweckt ein Gefühl von Freiheit. Und das Gefühl, für Dinge einzustehen, die deinem Kind wichtig sind. Wenn dein Kind für dieses Gefühl gekämpft und es sich eingestanden hat, ohne sich Gedanken darüber zu machen, was in diesem Moment andere darüber denken, geht es ihm anschließend besser. Dein Kind braucht die Gewissheit, dass es richtig ist Wut auch zeigen zu dürfen.

Bei der Furcht geht es dem Kind z. B. so, dass es auf einen großen Baum klettern möchte, sich aber nicht traut und Angst hat, dass es herunterfällt. Wenn sich dein Kind mit der Angst beschäftigt hat, und das kann in Sekundenschnelle gehen, macht es eine Einschätzung. Dein Kind überlegt, dass der Baum ja doch nicht so schwer zu erklimmen ist und traut sich dann, es zu probieren.

Traurigkeit ist eine sehr nützliche Emotion, die jeder kennt. Wenn z. B. ein Freund deines Kindes gerade nicht mit ihm spielen möchte oder dein Kind einen geliebten Menschen verloren hat, ist es traurig. Diese Traurigkeit beinhaltet eine Trauerphase. Bei Kindern ist diese meistens nicht so lang wie bei Erwachsenen. Sie ist wichtig, um bestimmte Dinge gut verarbeiten zu können. Dein Kind zeigt das Gefühl von Traurigkeit in den meisten Fällen durch Weinen und „wäscht" sich sozusagen von innen. Wenn diese Phase durchgestanden ist, kommt dein Kind irgendwann an einen Punkt des Loslassens. Hat sich dein Kind trösten lassen, kann es loslassen und für sich selbst weiter gehen.

Wenn man nach diesen drei durchlebten Gefühlen weiterblickt, dann kommt die Freude.

Wie kannst du als Elternteil mit diesen Gefühlen deines Kindes gut umgehen?

Wichtig ist, dass du die Gefühle deines Kindes ernst nimmst.

Dazu muss man wissen, dass Kinder in ihrer eigenen Welt leben, die sich von der Welt der Erwachsenen sehr stark unterscheidet.

Was für dich als Mama oder Papa nicht der Rede wert ist, kann für dein Kind ein Drama sein. Versuche hier nicht dein Kind abzulenken und seine Gefühle abzuschwächen, sondern nimm es ernst, denn es soll lernen seinen Gefühlen zu vertrauen. Anderenfalls weiß dein Kind nicht, ob seine Gefühle richtig sind, was dazu führen kann, dass es stark verwirrt wird und im Laufe der Zeit den Zugang zu sich und seinen Gefühlen verliert.

Manchmal können solche Gefühlsausbrüche eine große Herausforderung im Familienleben darstellen. Deshalb braucht dich dein Kind in solchen Situationen umso mehr. Sei also Stütze, sei mitfühlend und lerne die Gefühle deines Kindes auszuhalten, bis es selbst weiß, wie es damit umgehen kann. Gefühle zeigen zu dürfen ist wichtig, allerdings müssen sie auch kontrolliert werden und dein Kind darf das lernen.

Wenn dein Kind einen Wutanfall hat, braucht es vielleicht erst eine Auszeit. Formuliere es aber nicht als Strafe, sondern dass es für dein Kind im Moment besser ist und auch du dieses Verhalten gerade nicht aushältst.

Hat sich dein Kind beruhigt, kommt es von ganz allein wieder. In Ruhe könnt ihr darüber sprechen, dass sein Verhalten nicht in Ordnung war.

Übe jedoch nie Kritik an seiner Person, sondern nimm es stattdessen in den Arm. Dein Kind hat es nämlich viel Mut gekostet, wieder auf dich zuzugehen.

In solchen Fällen kann man systemische Bewältigung kindlicher Wut einbauen. Das systemische Konzept geht davon aus, dass kein Verhalten ohne seinen sozialen Kontext (System) zu verstehen ist.

Dies bedeutet wo dein Kind eingebettet ist, mit welchen Menschen es zusammen ist. Dies kann bei dir in deiner Familie sein oder eine soziale Gruppe wie Kindertagesstätte, Schule oder andere Personen.

Wenn sich dein Kind z.B. „aggressiv“ präsentiert, so zeigt es dieses Verhalten in einer bestimmten Situation. Das Verhalten deines Kindes steht immer im Kontext mit seinem Umfeld.

Ein Systemiker fragt, fragt und fragt.
Es sollte ein Dialog entstehen.

Bei einer Fortbildung zur „Systemischen Bewältigung kindlicher Wut", die ich am 23.05.2019 besucht habe, hat Referent Anton Hergenhan (Dipl. Psychologe, Buchautor) folgendes beschrieben:

- **Persönliche Präsenz**
  Wir sind gedanklich und emotional gegenwärtig. Was in uns und in anderen passiert, nehmen wir wahr. Und was wir wahrnehmen, teilen wir mit! Wir spiegeln, sind damit persönlich aktiv präsent und erzeugen Nähe wie interaktionale Einflussmöglichkeit.

- **Führung, die das Kind mündig sein lässt und respektiert**
  Wir führen, indem wir dialogisch genau zur Kenntnis geben, was uns passt und was uns nicht passt. Uns passen prosoziale Verhaltensregeln, auf deren Einhaltung wir bestehen. Und wir üben Respekt, indem wir den Sinn der Regeln und Grenzen mit den Kindern zusammen erörtern. Die Standpunkte der Kinder greifen wir auf. Sollten Übergriffe stattfinden, hat der Erwachsene einzugreifen und zu äußern, indem er ganz klar formuliert, dass er dies nicht zulässt. Erst wenn sich die Lage beruhigt hat, kann man mit den im System vorhandenen Personen fortfahren. Dies muss zeitnah passieren und nicht Tage später.

- **Ausdrückliche Identifikatoren der Ressourcen, der Fähigkeit**
  Sobald wir im Dialog mit dem Kind etwas Erfreuliches entdecken, melden wir ihm dies ausdrücklich, konkret und anerkennend. Je konkreter unser Lob, desto glaubhafter: „Super, dass du die Spülmaschine eingeräumt hast. Du hast ja alle Tassen schön neben einander gestellt!" Nochmals: Je konkreter wir unser Lob formulieren, desto glaubhafter wird es.

- **Positive Beachtung des Symptoms**
  Im Dialog mit dem Kind würdigen wir auch seine negativ erlebten Gefühle. Denn wir halten sie für wertvolle Bedürfnissignale. Verhaltensauffälligkeiten haben Signalcharakter und sind darum auch positiv zu beachten.

- **Lösungsentwurf des Kindes**
  Im Dialog mit Kindern stellen wir unsere Fragen so, dass sie selbst Lösungen finden. Denn wir halten unsere jungen Gesprächspartner für lösungskreativ und bewältigungskompetent. Beispiel: „Was könnten wir machen, dass wieder eine gute und friedliche Stimmung entsteht?" Die Antworten des Kindes werden genutzt und das Kind wird als Lösungsautor gewürdigt: „Dein Vorschlag passt, ist super!" Warum-Fragen sind zumeist rekonstruktiv und damit sehr oft destruktiv, die die Ermittlung der Problemgründe vertiefen und zementieren kann. Dem Kind aktiv zuzuhören ist hier das A und O.

- **Einbau des kindlichen Bezugssystems (für Pädagogen und systemische Coaches)**
  Wir begreifen uns als steuernde Co-Akteure, die, wiewohl steuernd, auf die Co-Aktion der Kinder angewiesen sind. Darum kommen wir mit den Beteiligten ins Gespräch und nutzen ihre fruchtbaren Interaktionsergebnisse. Was die Kinder, z. B. in einem Gruppencoaching, besprechen, hat höhere normative Akzeptanzchancen.

Helfen und Teilen dürfen

Positive Gefühle lassen sich auch beim Helfen und Teilen erzeugen. Bei einer Umfrage, die ich mit Grundschülern durchgeführt habe, kam heraus, dass es sie glücklich macht, wenn sie anderen helfen dürfen und mit anderen teilen können. Das gibt ihnen das Gefühl gebraucht zu werden und nützlich zu sein.

Bei den Hausaufgaben beispielsweise helfen sie gerne anderen Kindern, die Schwierigkeiten haben. Das lässt ihren Beliebtheitsgrad steigen, macht sie sympathisch und hebt ihre Stärken hervor. Schon früh erwerben hilfsbereite Kinder eine hohe Sozialkompetenz und Teamfähigkeit.

In Einrichtungen werden immer wieder verschiedene Aktionen z. B. „Weihnachtspäckchen" angeboten, um armen Kindern in der Welt zu helfen. Kinder, die gerne teilen wollen, machen hier mit voller Begeisterung mit.

Bekommt das Kind mit, dass es anderen nicht gut geht, dass sie krank sind oder anderweitig Hilfe benötigen, sind sie gerne zur Stelle. Auch Tiere versorgen sie für gewöhnlich sehr gerne. Haustiere haben im Allgemeinen, um das nebenbei zu erwähnen, eine sehr positive Auswirkung auf Kinder.

Wie hilfsbereit ist dein Kind?

Lebst du ihm vor zu helfen und mit anderen zu teilen?

Wenn ja, wird es dein Kind von dir abschauen, lernen und übernehmen. Wichtig ist, dass du dein Kind dafür lobst (nicht belohnst), wenn es freiwillig geholfen oder geteilt hat. Dein Kind wird diese Aufmerksamkeit deinerseits sehr genießen und so weitermachen.

Zu Hause kannst du dein Kind gerne Alters entsprechende Aufgaben erledigen lassen wie z. B. den Müll wegzubringen, oder wenn ein Krankenbesuch ansteht, dass dein Kind mitkommt. Im Anschluss kannst du deinem Kind sagen, dass sich die Person sehr gefreut hat, dass sie besucht und von der Krankheit etwas abgelenkt wurde.

Bittest du dein Kind höflich um Hilfe, wird es eher bereit sein, dir zu helfen, als wenn du dies einforderst. Und als Dank wirst du in strahlende Kinderaugen blicken. Das ist mit keinem Geld der Welt zu bezahlen.

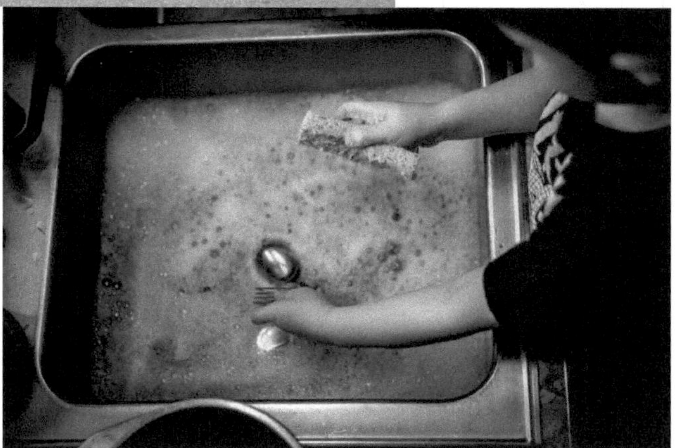

Partizipation: Warum Mitbestimmung so wichtig ist

Partizipation bedeutet, dass die Kinder in Ereignisse und Entscheidungsprozesse, die das Zusammenleben betreffen, einbezogen werden. Ein wichtiges Erziehungsziel ist, dass die Kinder lernen, ihre eigenen Ideen, Wünsche und Bedürfnisse wahrzunehmen und zu äußern.

Mit der UN Kinderrechtskonvention aus dem Jahr 1990 haben sich die unterzeichneten Staaten verpflichtet, Kindern das Recht auf Partizipation zu gewähren. Deshalb müssen auch die Schulen und Kindertagesstätten das Recht zur Mitsprache und Mitentscheidung einräumen. Dennoch erleben die meisten Kinder, dass sie sich nicht wesentlich beteiligen können.

Mit Partizipation ist gemeint, dass sich die Kinder und Jugendlichen frei und gleichberechtigt an Diskussionen und Entscheidungen, die sie betreffen, beteiligen, sich eine eigene Meinung bilden und diese auch vertreten bzw. dafür Verantwortung übernehmen können. Kinder sind entwicklungspsychologisch ab drei Jahren auf dem Entwicklungsstand mitreden und mitbestimmen zu können. Und spätestens ab einem Alter von sechs Jahren kann und sollte man sie als ernstzunehmende Partner mit einbeziehen.

Positive Beispiele dafür sind Einrichtungen, die regelmäßig Kinderkonferenzen in den Wochenplan einbauen und einen Kinderrat bestimmen, der sich über die Gruppe hinaus für bestimmte Belange einsetzt. Es entsteht ein Gemeinschaftsgefühl, jeder kommt zu Wort, darf seine Wünsche und Bedürfnisse äußern und bei Entscheidungen mitbestimmen. Dadurch wird ein Gefühl für Demokratie entwickelt.

Kindern, die das zu Hause einüben, gelingt es für gewöhnlich gut, sich auch in Einrichtungen demokratisch zu verhalten.

Hat dein Kind die Möglichkeit im Familienalltag mitzubestimmen?

Wenn dein Kind im Familienalltag mitbestimmen möchte, wenn es z. B. um zu verteilende Ämter geht, kann es für dich zu Herausforderungen kommen, da jedes Familienmitglied eigene Wünsche, Bedürfnisse und Interessen hat.

Gibst du deinem Kind allerdings die Möglichkeit mitzuentscheiden, wird es sich gut entwickeln können. Wenn es z. B. um das Tischdecken geht. Dein Kind lernt Verantwortung zu übernehmen und dass gemeinsam Lösungen gefunden, Kompromisse eingegangen werden und dann am Ende abgestimmt wird. Eingeübt werden hier auch eine gewisse Gesprächs- und Diskussionsführung und ein toleranter Umgang miteinander. Wenn dein Kind einmal mit seiner Idee überstimmt worden ist lernt es, mit dieser Entscheidung umzugehen und diese vielleicht auch anzunehmen.

Wie findet Partizipation bei dir zu Hause statt?

Für dich als Elternteil kann es ein Lernprozess sein, manche Aufgaben abzugeben. Der Vorteil für dich ist, dass Aufgaben innerhalb der Familie aufgeteilt werden und du entlastet wirst. Teamentscheidungen innerhalb der Familie helfen deinem Kind sich z. B. im Kindergarten oder in der Schule sozialer und empathischer zu verhalten und eine positive Streitkultur an den Tag zu legen.

Außerdem bekommst du ein Bild von deinem Kind, wo seine Fähigkeiten und Fertigkeiten liegen.

Das gegenseitige Vertrauen wächst und dein Kind fühlt sich als Teil der Gemeinschaft.

Welche Vorteile hat Mitbestimmung für dein Kind?

- Dein Kind fühlt sich freier.
- Dein Kind nimmt aktiv am Alltag teil.
- Dein Kind kann sich besser äußern.
- Dein Kind entwickelt eigene Ideen.
- Dein Kind ist motivierter.
- Dein Kind entwickelt mehr Freude am Tun.
- Das Sozialverhalten deines Kindes wird gestärkt.

ES WIRD SELBSTBEWUSSTER.

SEIN SELBSTWERTGEFÜHL STEIGT.

Richtiger Ausgleich von Anspannung und Entspannung

Warum freie Spielzeit so wichtig ist

Die Kinder der heutigen Zeit haben teilweise oft schon einen sehr getakteten Tagesablauf und einen volleren Terminkalender als wir Erwachsene. Sie gehen in der Früh schon in die Kita oder in die Schule mit anschließender Nachmittagsbetreuung, wo sie oft bis zum frühen Abend sind. Viele von ihnen nehmen nach dieser Zeit noch an Aktivitäten wie Ballett, Fußball und weiteren Förderprogrammen teil. Das heißt: Die Kinder sind oft länger außer Haus als ihre Eltern.

Zu Hause angekommen stehen dann auch noch weitere Dinge an, wie das Kontrollieren der Hausaufgaben, Abendessen, duschen usw. Man kann also ganz klar erkennen, dass die Kinder im Allgemeinen wenig zur Ruhe kommen, mehr in der Anspannung leben und teilweise schon unter Stresssymptomen oder psychischen Problemen leiden, oder auffällige Verhaltensweisen an den Tag legen.

Alle Eltern wollen das Beste für ihr Kind und wünschen sich, dass es ihr Kind einmal besser hat als sie es selbst hatten. Manche hegen den Wunsch, dass ihr Kind z. B. später ihre Arztpraxis übernimmt oder Anwalt wird. Vielleicht will das Kind das aber gar nicht. Ein Kind ist nicht hier auf der Welt, um die Wünsche, Bedürfnisse und Erwartungen der Eltern zu erfüllen, sondern seinen eigenen Weg zu gehen. Sonst nimmt der innere Druck zu.

Kinder haben schon genügend Stress. Dies lässt sich auch nicht ganz vermeiden und ist in gewissem Maße sogar gesund. Es geht lediglich darum, eine Umgebung zu gestalten, in denen Kinder in ihrem eigenen Tempo leben und lernen können.

Deshalb möchte ich gerne darauf eingehen, wie wichtig das freie Spiel für dein Kind ist und Entspannung im Alltag deines Kindes nicht fehlen darf.

Dein Kind braucht:

- Ungestörte Zeit
- Zeit zum Nichtstun
- Zeit zum Träumen
- Zeit, um mit Freunden und Freundinnen zusammenzusitzen, zu kichern oder zu spielen
- Zeit, um Dinge auszuprobieren

Wenn du merkst, dass dein Kind zu viel Stress hat, ist es deine Aufgabe, die vorgegebene Umgebung, im zeitlichen Sinne, zu entzerren.

Kinder brauchen Luft. Luft, um sich entfalten zu können und um das Erlebte zu verarbeiten. Sich zu spüren, sich bewusst zu werden: „Wie geht es mir eigentlich gerade?“

Um kindlichem Stress entgegenzuwirken, braucht dein Kind Zeit für sich. Wenn dieses natürliche Ruhebedürfnis nicht erkannt wird, kann es durchaus passieren, dass dein Kind immer unruhiger wird. Dein Kind kann sich nicht mehr konzentrieren, wird öfter krank, möglicherweise fallen die Leistungen in der Schule ab und eventuell attestiert man sogar eine Hyperaktivität.

Oft hilft es schon früher aufzustehen, damit der Morgen entspannter stattfinden kann. Ganz häufig ist es hilfreich, weniger in die Nachmittage zu packen. Du denkst vielleicht: „Mein Kind braucht noch diese oder jene Förderung.“ Ja.

Aber dein Kind braucht auch Entspannung. Es braucht Zeit zum SEIN. Die Zeit zum Sein ist ein essenzieller Baustein für ein gesundes Heranwachsen. Hier gilt: Weniger ist mehr.

Was heißt freies Spiel genau?

Es heißt nicht, dass du deinem Kind die Lernangebote in spielerischer Form anbietest und dein Kind dann das Lernen automatisch als lustvoll und effektiv empfindet. Das freie Spiel ist eine selbstbestimmte Tätigkeit deines Kindes. Lernangebote sind immer von außen kommend, werden an dein Kind herangetragen, sind Vorgaben. Sie sind kein echtes Spiel, auch wenn du spielerische Formen miteinbeziehst.

Freispiel ist nicht ersetzbar. Dein Kind wählt sein Spielmaterial selbst aus, entscheidet über seinen Spielverlauf und bezieht gern und häufig Spielpartner/innen mit ein.

Sein selbstbestimmtes Spiel kann von dir bereichert werden, und zwar durch angemessene Raumgestaltung, motivierendes Spielmaterial, durch Regeln, die dem Kind Sicherheit und Zugehörigkeit bieten, durch Anerkennung, Verstärkung und Unterstützung sowie durch eine hohe Mitbestimmung, mit welchen Freunden es spielen möchte.

Das Freispiel sollte immer bedürfnisorientiert sein und dein Kind sollte selbst entscheiden, ob es allein oder mit andern spielen möchte. Hier übernimmt dein Kind selbst die Verantwortung für das eigene Tun und lernt seine eigenen Interessen und Neigungen kennen, und knüpft Freundschaften im gemeinsamen Spiel.

Was und wie dein Kind spielt ist aber seine eigene Entscheidung. Der Einfluss von dir wird den Entscheidungen deines Kindes jedoch Richtung geben können. Das wird vor allem dann geschehen, wenn dein Kind sich wohl und sicher fühlt, wenn es ein gutes Vertrauensverhältnis hat, wenn es anerkannt und bestärkt wird, und wenn es den Eindruck hat, dass sich der Radius seines Weltverstehens erweitert.

Kinder sind es gewohnt dauerhaft „beschallt“ oder von außen animiert zu werden etwas zu tun. Hat dein Kind einmal die Gelegenheit nichts zu tun, kann durchaus mal der Satz kommen:

„Mir ist so langweilig, ich weiß nicht, was ich tun soll.“

Kennst du das von deinem Kind auch?

Ich kenne das von vielen Kindern und ich kann dich beruhigen. Langeweile ist gut und kann für dein Kind sehr wertvoll sein. Nach einiger Zeit wird sich dein Kind mit seiner Langeweile auseinandersetzen und kreativ werden. Hier entstehen oft die tollsten Ideen. Hast du das schon einmal bei deinem Kind beobachtet?

Durch das freie Spiel lernt dein Kind oft weit mehr, als mit unzähligen Förderprogrammen, die es unfreiwillig ausführt.

Dein Kind erreicht folgende Fähigkeiten für die Zukunft durch das freie Spiel:

- Motivation, Herausforderungen zu bewältigen
- Anstrengungsbereitschaft
- Zielstrebigkeit
- Durchhaltevermögen
- Das Einschätzen von Risiken
- Lösungssuche für entstehende Probleme
- Das Meistern von Hindernissen
- Mut und Vertrauen ins eigene Können
- Erfolgsfreude
- Kreativität
- Geschicklichkeit

Und in der Gemeinschaft des freien Spiels lernt es:

- Verantwortungsübernahme
- Konfliktfähigkeit
- Frustrationstoleranz
- Hilfsbereitschaft
- Empathie

Warum Bewegung so wichtig ist

Wie viel Bewegung hat dein Kind? Die Kinder in der heutigen Zeit sitzen oft den ganzen Tag sehr viel. Die Zahl der übergewichtigen Kinder hat in den letzten Jahren stark zugenommen. Bewegen sich Kinder zu wenig, kann dies später zu Haltungsschäden führen und sich negativ auf ihre Muskeln und Gelenke auswirken. Es wurde beobachtet, dass viele Kinder nicht mehr so ausdauernd und konzentriert sind, weil ihnen einfach die Bewegung fehlt. Es sollte hier nicht an zusätzliche Förderprogramme wie Vereine gedacht werden, sondern dass dein Kind sich im freien Spiel bewegen kann. Ob das Radfahren, Laufen oder Fußballspielen ist, spielt dabei keine Rolle. Dein Kind sollte sich freiwillig bewegen dürfen, ohne Druck und Zwang.

Bewegt sich dein Kind ausreichend, wird Stress abgebaut und der Kreislauf kommt in Schwung, das Gehirn wird durchblutet und die Intelligenz steigt. Ebenso wird das Körperbewusstsein deines Kindes trainiert und sein Selbstbewusstsein steigt. Klettern auf Bäumen eignet sich hierfür besonders gut.

Wusstest du, dass durch regelmäßige Bewegung Ängste abgebaut werden und depressive Verstimmungen verschwinden?

Es reicht schon einmal am Tag, dass sich dein Kind für 15 Minuten richtig verausgabt. Bewegt sich dein Kind nicht so gerne, dann mache mit ihm eine Kissenschlacht oder besuche einen Spielplatz. Das bereitet ihm Freude und es merkt nicht einmal, dass es sozusagen Sport treibt. Hier kannst du sehr kreativ werden und hilfst deinem Kind, dass es die nötige Bewegung bekommt.

Umarmung

Warum sie für die seelische Gesundheit deines Kindes so wichtig ist

Nicht nur die freie Spielzeit dient dem Stressabbau, sondern auch Umarmungen.

Kannst du dich noch daran erinnern, als dein Kind geboren wurde? Was für ein wunderbares Gefühl das war? Haut auf Haut hast du dein Kind gespürt und umarmt. Umarmungen dienen zum Überleben, stärken das Urvertrauen und die Bindung. Ohne Nähe würden Kinder emotional verkümmern und im schlimmsten Fall sogar sterben. Umarmungen bedeuten für dein Kind Liebe und Anerkennung und vermitteln Sicherheit. Bevor du dein Kind im Kinderwagen schiebst, freut es sich, wenn du es trägst, damit es den Körperkontakt mit dir genießen kann. Es gibt kein Zu-viel-Kuscheln. Manche Kinder schlafen sogar noch sehr lange im Bett der Eltern, weil sie sich wohler fühlen. Und irgendwann sind sie so weit, dass sie zum Schlafen in ihr eigenes Zimmer gehen. In manchen Kulturen ist es sogar selbstverständlich, dass alle in einem Bett schlafen.

Virginia Satir (Familien- und Psychotherapeutin) sagt:

„Wir brauchen Umarmungen:

4x täglich zum Überleben,

8x zum Gut fühlen,

12x zum inneren Wachstum.“

Tägliche Umarmungen stärken dein Kind in seinen Gefühlen und Gedanken, egal wie alt sie sind, und verringern Ängste, Zweifel und Unsicherheiten. Sie wirken besser als Medizin, da bei den Kuscheleinheiten Dopamin und Serotonin im Körper ausgeschüttet werden, was die Stimmung steigen lässt und Depressionen vorbeugt. Du kannst deinem Kind mit einer Umarmung Trost spenden und ihm fällt es leichter sich wieder zu entspannen.

Wusstest du, dass Umarmungen dazu beitragen, dass das Immunsystem gestärkt wird? Ebenso wirken sie sich positiv auf die Körpertemperatur und Atmung deines Kindes aus.

Wie du sicherlich weißt, sind die ersten Lebensjahre die prägendsten für dein Kind und Umarmungen die erste Sprache, die Kinder lernen.

Gehe du als Mama oder Papa ruhig sehr großzügig mit dieser Zuneigung um, da dein Kind sich in seiner Persönlichkeit positiver entwickeln kann und sich geliebt fühlt. Der erste soziale Kontakt, den dein Kind hat, bist du, und wenn dieser Kontakt negativ geprägt ist, könnte dein Kind später Schwierigkeiten haben, soziale Bindungen eingehen zu können.

Findest du nicht auch, dass Umarmungen etwas sehr Schönes sind, weil sie Wärme spenden und uns ein Glücksgefühl verschaffen?

Wie wäre es, wenn du täglich ein paar Umarmungen in deinen Alltag mit einbaust und verteilst? Sie kosten nichts und haben dennoch eine unglaubliche Kraft.

Gesundes Essen

Was essen Kinder eigentlich gerne? Da würde uns Erwachsenen gleich Nudeln mit Soße, Pizza oder Fast Food als Antwort einfallen. Jedoch ist es in den meisten Fällen nicht so, wenn man dieses Thema Essen mit Kindern analysiert. In einer Umfrage, die ich bei Grundschülern durchgeführt habe, kam heraus, dass Kinder die genannten Speisen ab und zu gerne essen, aber es ihnen sehr wichtig ist, woher das Essen kommt.

Viele erzählten sogar, dass es ihnen ein großes Anliegen ist, dass das Fleisch aus artgerechter Tierhaltung kommt, und einige sogar nur noch vegetarisch essen wollen. Ich hätte nicht gedacht, dass sich Grundschüler schon so intensiv mit diesem Thema beschäftigen und auch erstaunlich viel darüber wissen. Auf die Frage nach dem Hintergrund dieser Einstellung kam als Antwort, dass in der Familie darüber gesprochen und in den Medien darüber diskutiert wird. Viele Familien kaufen bereits Bioprodukte, kochen und essen zusammen.

Jedoch hängt es davon ab, wie viel Eltern verdienen. Je nach Einkommen sollten jedoch alle Kinder die Möglichkeit haben, genügend gesundes Essen zu bekommen. Aufgrund Zeitmangels gibt es in den Familien immer mehr Fastfood oder Fertiggerichte zu essen. Die Folgen können gravierend sein:

Übergewicht, Diabetes, Depressionen, Verdauungsprobleme, Herzinfarktrisiko, Kreislaufprobleme, Kraftlosigkeit und Konzentrationsstörungen.

Wusstest du, dass bereits in den ersten zehn Lebensjahren deines Kindes der Grundstein dafür gelegt wird, wie das Essverhalten deines Kindes in Zukunft aussehen wird? Konsumiert dein Kind von Anfang an gesüßte Getränke oder Speisen mit viel Zucker und Fett, prägt sich dies ins Gehirn ein und ist später sehr schwer wieder zu ändern bzw. dein Kind kann es sich kaum noch abgewöhnen. Denn Zucker wirkt in diesem Fall wie eine Droge, und sein Körper verlangt ständig danach.

Gesunde Ernährung sorgt dafür, dass sich dein Kind optimal entwickelt. Du als Elternteil kannst in dieser Zeit die Weichen für ein gesundes Essverhalten deines Sprösslings legen.

In keiner anderen Lebensphase ist das Essen so wichtig wie im Kindesalter. Eine ausgewogene und vollwertige Ernährung sichert das Wachstum und die Entwicklung deines Kindes. Sie stärkt sein Immunsystem und vermeidet Mangelzustände. Deshalb ist in den ersten zehn Lebensjahren besonders darauf zu achten, welche Essgewohnheiten dein Kind lernt. Hilf deshalb deinem Kind frühzeitig Ernährungsfallen zu erkennen und sie zu umgehen.

Kinder sollten fünf Mahlzeiten am Tag essen: Drei Hauptmahlzeiten und zwei kleine Zwischenmahlzeiten. Dabei gehören vor allem Obst und Gemüse auf den Speiseplan: Fünf Portionen Frisches täglich sollten es sein. Tische auch reichlich pflanzliche Lebensmittel wie Getreideprodukte und Kartoffeln auf. Bei tierischen Produkten wie Fleisch, Käse und Eiern kannst du zurückhaltend sein. Fett- und zuckerreiche Lebensmittel sollten die Ausnahme sein.

Auch wenn Zucker vermieden werden sollte, darf dein Kind natürlich auch eine kleine Portion Süßes naschen. Denn wenn es verboten wird, verlangt dein Kind erst recht danach.
Süßigkeiten sollten aber nicht mehr als zehn Prozent seiner täglichen Energiezufuhr ausmachen.

<u>Hier ein Beispiel zur groben Orientierung:</u>
Ist dein Kind acht Jahre alt, hat es einen täglichen Energiebedarf von etwa 1.800 Kalorien. Zehn Prozent davon, also 180 Kalorien, dürfen als Süßigkeit verputzt werden. Das entspricht etwa einem Riegel Vollmilchschokolade (17 g) und einer Handvoll Gummibärchen (30 g). Erkläre deinem Kind, warum es für seine Gesundheit wichtig ist diese Grenzen einzuhalten und dass es besser für die Zähne ist. Gehe als Vorbild voran.

Wie gelingt es dir, dass dein Kind gerne gesunde Speisen zu sich nimmt?

Kinder lieben es, wenn sie in Entscheidungen miteinbezogen werden. Deshalb gehe gemeinsam mit deinem Kind zum Einkaufen und wähle zusammen mit ihm aus, was auf dem Speiseplan stehen soll. Kräuter und auch andere Beilagen, können in eurem Garten, sofern vorhanden, gepflanzt und geerntet werden. Der Prozess von Einpflanzen und Ernten ist für dein Kind sehr interessant, und das Probieren bereitet gleich doppelt so viel Freude. Dein Kind freut sich sehr, wenn es gefragt wird, was es essen möchte. Gib ihm bei Obst und Gemüse eine Auswahl von fünf verschiedenen Optionen. Irgendetwas ist immer dabei, was ihm schmeckt. Die richtige Farbwahl kann hier sehr hilfreich sein, denn es wird dein Kind ansprechen, wenn das Essen „bunt" aussieht und schön präsentiert wird, d. h. Lebensmittel nicht zu vermischen, sondern einzeln anzurichten. So macht deinem Kind gesunde Ernährung Spaß. Dein Kind sollte alles probieren. Wenn dein Kind etwas zum ersten Mal probiert, kann es sein, dass es ihm nicht schmeckt. Man sagt, dass etwas 5- bis 10-mal probiert werden muss, bis man entscheiden kann, ob es einem tatsächlich schmeckt oder nicht. Schmeckt deinem Kind irgendetwas absolut nicht, zwinge dein Kind nie dazu, bestimmte Dinge trotzdem zu essen.

Die Kinder lieben es den Esstisch vorzubereiten, schöne Servietten auszuwählen und gemeinsam mit allen Familienmitgliedern zu essen. Diese Zusammenkunft wird als gemütlich empfunden und für gemeinsame Gespräche genutzt. Hilft dein Kind regelmäßig beim Essen kochen mit, wird die Lust auf ungesundes Essen, wenn es später älter ist, definitiv geringer sein.
Solltest du unter der Woche nicht so viel Zeit zum täglichen Kochen finden, koche gerne auch einmal vor und gefriere es ein. Das ist allemal besser als Fast Food und Fertiggerichte.

Grenzen setzen und Grenzen wahren

Grenzen setzen

Beim Grenzen-Setzen geht es darum, eine liebevolle Konsequenz an den Tag zu legen, klar zu sprechen und aufzutreten und auch bei deiner Meinung zu bleiben. Wenn du dir selbst unsicher bist, in dem, was du sagst, wird dich dein Kind immer wieder aufs Neue testen.

Grenzen bieten deinem Kind Sicherheit, Klarheit und Schutz, um in seiner Umgebung gut klarzukommen und sich orientieren zu können. Dein Kind lernt von dir, was erwünscht/nicht erwünscht und was verboten/nicht verboten ist, damit es sich in der Gesellschaft besser zurechtfinden kann.

Eltern sagen: „Über Grenzen lernt mein Kind Respekt". Es lernt, wo sein Bereich ist und wo der Bereich des anderen anfängt. Damit dein Kind das herausfinden kann, wird es natürlich die Grenzen testen: „Wie weit kann ich gehen?"

Grenzerfahrungen spielen hierbei eine große Rolle und sind wichtig für die Entwicklung deines Kindes.

Da Kinder neugierig sind, wollen sie wissen, was hinter der Grenze passiert.

Dein Kind will sich selbst erfahren: „Wie funktioniert unsere Welt, wo sind meine Grenzen und die der anderen?" Über Grenzsetzungen findet für dein Kind soziales Lernen statt, was fürs spätere Leben essenziell wichtig ist. Deshalb sind ellenlange Diskussionen eher kontraproduktiv.

Würde dein Kind ohne Grenzsetzungen aufwachsen, würde es zu Wahrnehmungsverzerrungen bei deinem Kind kommen, und es käme in unserer Welt der Grenzen und Strafen als junges heranwachsendes Wesen gar nicht mehr zurecht. Und wird eventuell zum ersten Mal als Jugendlicher von der Polizei oder vom Jugendrichter Grenzen erleben müssen, die unverrückbar und klar sind. Und deswegen rate ich dir, von Anfang an früh genug bei deinem Kind anzufangen, nicht dass es später von Lehrern, Ausbilder, der Polizei oder vom Jugendrichter die harte Schule lernen muss.

Wie kannst du deinem Kind Grenzen setzen?

Nicht zu viel und nicht zu wenig. Aber wie machst du es am besten?

Setze die Grenze nicht zuerst verbal, indem du dein Kind ansprichst oder anschreist.

Dein Kind macht etwas und du rufst: „Nein! Mach das nicht, mach das nicht!" Du gehst am besten zu deinem Kind, hältst seinen Arm und sagst: „Ich möchte nicht, dass du das machst!" Das heißt, dass du zuerst den Körperkontakt suchst. Wichtig ist, dass du zuerst handelst und dann zu deinem Kind sprichst. Oft denkst du dir vielleicht: „Jetzt habe ich es schon hundertmal gesagt. Warum hört mein Kind immer noch nicht?" Und dann bist du wütend und schreist dein Kind vielleicht an.

Höre deinem Kind zu, kritisiere es nicht sofort oder halte ihm eine Moralpredigt, sondern höre ihm zuerst einfach nur zu. Und dann erzählt dir dein Kind vielleicht von allein, warum es etwas machen möchte oder warum etwas passiert ist.

Bei dieser Art von Grenzen-Setzen wird dein Kind merken, dass sein Verhalten zwar nicht in Ordnung war, es aber trotzdem geliebt wird. Die Gefühle deines Kindes stehen im Vordergrund, und so kooperiert dein Kind eher, als wenn es sofort kritisiert wird.

Auch beim Grenzen-Setzen sollte es immer das Ziel sein, die Verbindung zwischen dir und deinem Kind aufzubauen bzw. aufrechtzuerhalten. Wenn dein Kind ein Spielzeug seines Freundes ohne dessen Einverständnis nimmt, gehst du zu deinem Kind hin, nimmst seinen Arm und sagst: „Nein, das gehört deinem Freund. Du wirst es jetzt wohl zurückgeben müssen!". Dann wird dein Kind womöglich weinen, und vielleicht einen Wutanfall bekommen.

Früher hat man versucht, so etwas immer zu vermeiden. Heute macht man das anders. Hier geht es klar darum, es nicht zu vermeiden, sondern die Explosion, diesen Wutanfall zuzulassen, und bis zum Ende dieses Wutausbruches bei deinem Kind zu bleiben. Lerne das auszuhalten und höre ihm zu. Das ist das Wichtigste, weil Weinen eine heilende Sache ist. Es löst die angestauten Gefühle und Anspannungen.

Zusammengefasst:

1. Die Handlung mit Körperkontakt oder Blickkontakt unterbinden und 2. deinem Kind zuhören, bis es zur Besinnung kommt

KEINE Belehrungen und KEINE Moralpredigten!

Wenn sich dein Kind danebenbenimmt, signalisiere ihm, dass es gerade aus dem Lot gekommen ist. Durch deine Fürsorge können angespannte Gefühle weichen und dein Kind sich wieder entspannen. Damit ist alles getan, was dein Kind braucht.

Grenzen setzen und Zuhören bedürfen keiner Härte, keiner Bestechung und keiner Bedrohung. Es bringt in dir und in deinem Kind das Beste zum Vorschein.

Wichtig ist, dass du dir bewusst machst. Dass Grenzen zu setzen auch altersgemäß sein sollte, und jedes Kind andere Grenzen braucht. Dein Kind wird sicher gerne diskutieren. Wäge ab und gehe auch ab und zu Kompromisse ein. Das unterstützt eine gute Bindung zwischen dir und deinem Kind.

Zwischen den zwei Themen „Grenzen setzen" und „Grenzen wahren" möchte ich dir hier ein paar Fragen und Anregungen mitgeben, für deine eigene Reise zu dir und deinen Grenzen, damit du dich noch besser in dein Kind einfühlen kannst:

- *Die ersten Berührungen, die du erfahren hast, sind für dich von besonderer Bedeutung.*
- *Waren sie achtsam und wertschätzend?*
- *Wurden dabei deine Grenzen beachtet und bestätigt?*

- *Waren diejenigen, die dich berührt haben, stark genug, um sich selbst zurücknehmen zu können?*
- *Um dir einen schützenden Raum zu geben?*
- *Einen Raum, in den du hineinwachsen konntest?*
- *In dem du stark werden konntest?*
- *Oder waren sie selbst so unbewusst und verloren, dass sie deine Grenzen gar nicht wahrnehmen konnten?*
- *Wenn das deine Grunderfahrung war, dann suchst du vielleicht heute ganz feste und harte Grenzen.*
- *Du möchtest dich abgrenzen gegen die Menge der Berührung, die Menge des Einflusses, der auf dich wirkt.*
- *Vielleicht versuchst du sogar, dich ganz abzutrennen, weil viel zu viel in dich eindringt.*
- *Weil du selbst deine Grenzen nicht kennst, sie nicht erfahren hast und sie dir nicht bestätigt wurden.*
- *Aber der Preis für diese harte Abgrenzung ist sehr hoch. Diese Abgrenzung, die aus der Angst vor Übergriffen kommt, macht dich undurchlässig. Sie beendet deine Berührbarkeit insgesamt.*
- *Aber du brauchst die Berührung, um dich selbst zu erfahren. Was dir wirklich helfen könnte, wäre die Oberflächenspannung deines Inneren zu erhöhen.*
- *Du wurdest mit einem ganz eigenen und heiligen Raum geboren. Einem Raum, der ganz natürlich umgrenzt ist. Und du brauchst keine neuen Grenzen zu setzen. Du hast nur noch nicht gelernt, diesen inneren Raum auszufüllen und deshalb steht er so vielen anderen offen.*
- *Um dies zu ändern, frage dich bei der nächsten Berührung, die für dich belastend ist: „Welches in mir abgespeicherte, ungelöste Erlebnis aus meiner Kindheit ist es, was mir bei dieser Berührung ein Gefühl der Unterlegenheit hervorruft?"*
- *Aus der Unterlegenheit heraus kannst du dich selbst, deinen inneren Raum nur schützen, indem du dich oder den anderen als Gegner siehst. Oder dich als besser ansiehst. Und so entstehen Feindbilder in dir und ein ständiger Kampf gegen alles Mögliche. Oder du gehst den Weg der Unterwerfung, Hilflosigkeit und Abhängigkeit. Das, was in dir gespeichert ist, wird auf diese Weise immer wieder abgerufen. Dagegen kann dir keine noch so harte Abgrenzung helfen. Unsere Haut ist ein schönes Bild für weiche und intuitive Abgrenzung.*
- *Die Haut ist eine Grenze und zugleich eine Berührungsfläche. Deine Haut ist nicht verschlossen oder undurchlässig.*
- *Über deine Haut bist du mit der äußeren Welt in Kontakt und im Austausch. Deine Haut ist eine Berührungsfläche und für dich eine äußere Grenze. Aber sie begrenzt nicht dein Inneres. Nicht dein Fühlen.*
- *Genauso wie das Wasser eine Spannungsoberfläche hat, eine Haut aus Spannung, so hat auch dein Inneres eine Spannungsoberfläche. Eine Berührungsfläche zu allem, was dich umgibt.*
- *Du bist mit allem, was dich umgibt, innerlich in Kontakt und im Austausch. Du existierst in einem Meer der Berührung. Körperlich, seelisch und geistig.*
- *Nichts ist wirklich voneinander getrennt. Denn Grenzen sind Berührungsflächen. Sie sind weder starr noch undurchlässig.*

- *Aber wie tief etwas in dich eindringt, das hängt von deiner Spannungsoberfläche, von deiner inneren Energie ab. Je weniger „Ungelöstes" in dir begraben ist, umso stärker wird die Oberflächenspannung deiner Seele sein.*
- *Du kannst dann deinen Raum in Anspruch nehmen anstatt endlos darum zu kämpfen, dass andere deine Grenzen respektieren, die du selbst nicht ausfüllst.*
- *Abgrenzung ist dann kein Problem mehr. Du musst dann keine Übergriffe mehr fürchten. Dein Herz entscheidet dann ganz natürlich und in Liebe, wie weit du dich öffnen willst.*

Grenzen wahren

Grenzen zu setzen ist notwendig, um den Kindern Sicherheit zu bieten, aber genauso wichtig ist es, die Grenzen der Kinder zu wahren. Kinder brauchen ihre eigene Privatsphäre. Einen Raum, in den sie sich zurückziehen können und ungestört sind. In ihren Schränken und Rucksäcken sollte nicht ungefragt „geschnüffelt" werden.

Bekommt dein Kind Briefe, ist es wie bei den Erwachsenen, dass sie nur für dein Kind sind. Kinder haben auch ihre Geheimnisse, und das ist auch gut so. Ab einem gewissen Alter möchte dein Kind auch selbst aussuchen, was es z. B. gerne anziehen möchte. Für dich als Elternteil ist es wichtig zu wissen, mit welchen Freunden sich dein Kind trifft und welche Pflichten es z. B. für die Schule zu erledigen hat, jedoch ohne Kontrolle auszuüben.

Schutz vor körperlicher und geistiger Gewalt

„Die Würde des Menschen ist unantastbar."

Dies ist Gesetz. Auch Schutz vor körperlicher und seelischer Gewalt und Ausbeutung gehören zu den Kinderrechten.

Niemand hat das Recht, Kinder ungefragt zu berühren, zu schlagen, einzusperren, oder sie zu etwas zu zwingen, vor dem sie Angst haben. Kinder dürfen auch nicht zu einer Arbeit gezwungen werden, die ihrer Gesundheit schadet. Kinder dürfen nicht verkauft, entführt oder gegen ihren Willen in ein anderes Land gebracht werden. Kein Kind darf gefoltert werden, für immer ins Gefängnis gesperrt oder sogar zur Todesstrafe verurteilt werden, - ganz egal, was es angestellt hat.

Ein Aufwachsen ohne Gewalt gehört zu den Grundbedürfnissen aller Kinder. Und sie haben ein Recht darauf:

„Kinder haben ein Recht auf gewaltfreie Erziehung. Körperliche Bestrafungen, seelische Verletzungen und andere entwürdigende Maßnahmen sind unzulässig."

[§ 1631 Absatz 2 des Bürgerlichen Gesetzbuches (BGB)]

Es nimmt leider immer mehr zu, dass Kinder untereinander Gewalt anwenden, ob in Form von körperlicher oder seelischer Gewalt. Was oft unterschwellig abläuft, kann gravierende Folgen für dein Kind haben.

Vor allem in der „Internetwelt" findet aktuell immer mehr Cybermobbing statt. Achte deshalb ganz genau darauf, wie dein Kind den Medienkonsum gestaltet. In diesem Fall ist Kontrolle besser als Vertrauen. Was nicht heißt, dass du Kontrolle als Machtmittel nutzen solltest, sondern Interesse zeigst, auf welchen Internetseiten sich dein Kind aufhält und was für Filme es sich ansieht.

Vielen Eltern ist die Rechtslage nicht bewusst. Aber Unwissenheit schützt vor Strafe nicht. Kinder melden sich oft über ältere Freunde auf Internetseiten an. Und Eltern sind schockiert, wenn sie davon erfahren. Achte hier genau darauf, auf welchen Seiten man wie alt sein muss, und wo dein Kind sich im Netz aufhalten darf.

Sprich hier ganz offen und ehrlich mit deinem Kind darüber und kläre es über mögliche Folgen auf, denn den Kindern sind die Gefahren oft nicht bewusst.

Ab dem 7. Lebensjahr deines Kindes kannst du in solchen Fällen als Elternteil zur Verantwortung gezogen werden, auch wenn du möglicherweise nichts darüber weißt, was dein Kind „online" macht, zum Beispiel wenn es mit älteren Freunden unterwegs ist.

Viele Kinder, auch schon im Grundschulalter, haben über Freunde einen YouTube-Kanal angelegt, obwohl dies in Deutschland erst ab 16 Jahren erlaubt ist.

STOP

Toleranter Umgang miteinander

Ein Mensch, der es nicht kennt, bewertet zu werden: Wunderbar!

Wie schön wäre es, wenn unsere Kinder auch bewertungsfrei aufwachsen dürften.

Was bedeutet tolerant sein?

Tolerant sein bedeutet, unvoreingenommen zu sein, und zwar jeglicher Andersartigkeit gegenüber. Dass Menschen, so wie sie sind, akzeptiert werden. Egal welcher Herkunft sie sind, welche Hautfarbe sie haben, wie sie leben, ob sie eine chronische Erkrankung oder ein Handicap haben. Toleranz kann nur gelingen, wenn wir stets offen über die Unterschiede und auch Schwierigkeiten sprechen.

Ein Kind wird nicht tolerant geboren. Es braucht deine Unterstützung dazu. Lebe es ihm vor! Du kannst dein Kind lehren, andere nicht zu bewerten, und es lernt zu verstehen, dass jeder Mensch einzigartig und gut ist, so wie er ist. So lernt es bewertungsfrei durch das Leben zu gehen. Je früher du damit startest, umso leichter wird es auch deinem Kind fallen.

In Großstädten wie z. B. München kommen oft Kinder aus 10 oder mehr verschiedenen Nationalitäten in einer Gruppe zusammen. Nicht nur in inklusiven Einrichtungen sind Kinder mit Handicaps. Wir sind eine Gemeinschaft, in der jeder das Recht hat, so angenommen zu werden, wie er eben ist.

Meine Erfahrung ist, dass Kinder zu Beginn sehr neugierig, aber manchmal nicht mutig genug sind, zu fragen, was mit dem anderen Kind ist, wenn dieses z. B. im Rollstuhl sitzt oder offene Haut hat. Aber sie wollen mehr erfahren über das anfangs „Fremde". Man sollte selbst mutig und offen sein darüber zu sprechen und auch Aufklärungsarbeit leisten. Dann verschwindet die Intoleranz beim Kind, und es kann viel offener und toleranter mit anderen umgehen. Am besten gelingt dies, wenn man sich selbst akzeptiert und toleriert, wie man ist: „Vom Ich, zum Du, zum Wir." So kann es auf andere übertragen werden. Fällt es dir als Elternteil schwer, mit deinem Kind darüber zu sprechen, hole dir Bücher dazu, schaue zusammen mit deinem Kind Filme an oder recherchiere im Internet. Man kann und muss nicht alles wissen. Hast du genügend Hintergrundinformationen gesammelt, verstehst du selbst besser, was dahintersteckt. Oft liegen dem Ganzen Ängste zugrunde, die sich dann auflösen können.

Wie lernt dein Kind tolerant zu sein?

Akzeptierst und tolerierst du dich? Kannst du deinem Kind deine eigenen Gefühle zeigen? Ehrlich mit deinen Stärken und Schwächen umgehen? Akzeptierst und tolerierst du dein Kind so wie es ist?

Stell dir diese Fragen zuerst, bevor du dir über andere Menschen Gedanken machst. Ein stabiles Selbstbild ist notwendig, damit die Übertragung auf andere gut gelingen kann. Schätze dich selbst, und du kannst andere schätzen. Auch hier ist deine Vorbildrolle ein gutes Übungsfeld für dein Kind, damit es bewertungsfrei aufwachsen kann.

Dein Kind darf erkennen, dass alle Menschen unterschiedlich und doch gleich sind. Und alle sind gleich viel wert.

Ihr könnt Orte besuchen, an denen es „Fremdes“ zu entdecken gibt: Läden, Restaurants, interkulturelle Feste, internationale Musik usw.

Reist du gerne?

Wenn ja, wohin?

Bist du gerne in fernen Ländern unterwegs, kannst du mit deinem Kind im Urlaub zusammen „Neuland“ erkunden: Anderes Essen, andere Sprachen, andere Kulturen und andere Menschen.

Der Vorteil ist, dass du sehr viel von anderen Kulturen und Menschen lernen kannst. Kommst du dann wieder von deiner Reise zurück, reagierst du wahrscheinlich viel offener in deinem gewohnten Umfeld auf Andersartigkeit.

Sich in andere einfühlen zu können ist nicht immer so einfach. Bist du als Mama oder Papa schon sehr gut darin, dein Kind bedingungslos zu lieben? Dann wird es dir leichter fallen, bewertungsfrei und tolerant gegenüber deinem Kind zu sein.

Dein Kind beobachtet dich ganz genau. Wie offen gehen Mama und Papa auf andere zu? Wie reden Mama oder Papa mit anderen und über andere?

In gewissen Altersstufen deines Kindes kann es immer wieder zu Intoleranz kommen, vor allem bei Freundschaften und innerhalb sozialer Gruppen. Das gehört zur Entwicklung dazu. Solltest du hier nicht mehr an dein Kind herankommen, gibt es die Möglichkeit Pädagogen, Psychologen oder Kindercoaches zu kontaktieren, die mit deinem Kind Toleranz trainieren.

Richtiges Maß von „Festhalten“ und „Loslassen“

Bindung und Autonomie

Damit Kinder seelisch gesund und sozial aufwachsen können, brauchen sie in den ersten Lebensjahren eine gute Bindung und viel Körperkontakt zu ihren Eltern. Ihr Urvertrauen wird aufbaut, und das Kind kann sich später zu einem selbstständigen Menschen entwickeln.

Deshalb sollte vor allem in den ersten zwei Lebensjahren darauf verzichtet werden, dass es zu viel verschiedene Bezugspersonen im Leben deines Kindes gibt. Diese Zeit kann für dich als anstrengend wahrgenommen werden, aber sie vergeht schnell, und dein Kind wird es dir sein Leben lang danken.

Ich habe schon einige Eltern erlebt, die ihrer Karriere wegen ihr Kind bereits ab dem Alter von wenigen Wochen in die Kinderkrippe gaben und für den Fall der Fälle 10 verschiedene Kindermädchen hatten.

In einem Fall wurde das Kind älter und war schon bald im Besitz eines eigenen Segelbootes. Aber was hilft es dem Kind, ein Segelboot zu besitzen oder mehrere Urlaube im Jahr mit den verschiedenen Bezugspersonen zu verbringen, aber kaum gemeinsame Zeit mit den eigenen Eltern zu erleben?

Du wirst dir jetzt denken: „Sowas gibt es doch nicht.“ Und ich sage dir: „Doch, ich habe so etwas schon oft genug erlebt.“ Viele Eltern denken, dass materielle Dinge Liebe ersetzen können, oder sogar Liebe damit ausdrückt oder gleichgestellt wird. Aber dem ist leider nicht so. Wie sehr die Kinder darunter leiden, wenn beide Elternteile tagelang auf Geschäftsreise sind, ist nicht schön mit anzusehen.

Wenn die Eltern dann von der Geschäftsreise zurückkommen, gibt es z. B. ein schönes Geschenk aus Japan, und die Welt ist wieder in Ordnung. In Ordnung? Gar nichts ist in Ordnung! Das Kind leidet und zeigt durch sein Verhalten, wie schlecht es ihm geht. Die Erfahrung, die ich in solchen Fällen gemacht habe, ist, dass emotional vernachlässigte Kinder Wut und Aggression zum Ausdruck bringen, indem sie sich selbst oder andere verletzen oder depressiv verstimmt sind. Einige der Kinder hatten sogar Suizidgedanken. Unvorstellbar, denn die Rede ist hier von Grundschülern.

Klar ist Geld wichtig, und man sollte genug davon haben, aber Luxus ist nicht alles im Leben. Wenn du dich für ein Kind entscheidest, solltest du dir vor der Geburt schon Gedanken darüber machen, wie du deinen Arbeitsalltag nach der Geburt gestalten möchtest. Vor allem in den ersten Lebensjahren deines Kindes gilt: Weniger ist mehr. Verbringe so viel Zeit wie nur möglich mit deinem Kind.

Wurde eine gute Bindung in den ersten Lebensjahren aufgebaut, kommt irgendwann der Zeitpunkt, an dem es um das Thema „Loslassen“ geht. Sicher willst du, dass dein Kind gut im Leben klarkommt und selbstständig wird. Wie im obigen Beispiel ist zu viel Selbstständigkeit und allein gelassen zu werden eine Überforderung für dein Kind, vor allem in den ersten Lebensjahren. Hast du aber in den ersten Lebensjahren intensive Bindungsarbeit geleistet, darfst du auch lernen, dein Kind immer mehr loszulassen, damit es selbstständig werden kann.

In Fällen, in denen Eltern ihr Kind fast verloren hätten, z. B. wegen einer schweren Operation, fällt es ihnen oft nicht so leicht, loszulassen. Die Angst, dass dem Kind etwas passieren könnte, ist größer, als dem Kind seine Freiheit zuzugestehen. Aber wie soll ein Kind lernen, seinen eigenen Weg zu gehen und selbstständig zu werden, wenn es sich nicht selbst ausprobieren darf. Es ist verständlich, dass man sich hier Sorgen macht, aber sie sind für das Kind nicht dienlich.

Ab einem Alter von 2-3 Jahren will sich das Kind als eigenständige Person erleben und vieles ausprobieren.

Sich frei entfalten zu können, ist eines der drei Grundbedürfnisse des Menschen. Wenn sich das Kind als „Ich" wahrgenommen hat, kann es das „Du" besser wahrnehmen und gute Beziehungen zu anderen aufbauen.

Dies gelingt am besten, wenn die Bindungsphase in den ersten zwei Lebensjahren gut stattfinden konnte. Danach lernen sich Kinder von engen Bezugspersonen abzugrenzen und eigene Erfahrungen zu sammeln.

Du kannst hier als Mama oder Papa dein Kind darin unterstützen, indem du es nicht daran hinderst, dass es sich auf eigenen Beinen bewegt.

Sollte dein Kind gerade in der Trotzphase sein, heißt das nicht, dass es dich ärgern will, sondern dass es sich selbst beweisen will, dass es eine eigenständige Person mit eigenem Willen ist.

Reagiere stets einfühlsam und schaffe deinem Kind Freiräume, in denen es sich allein beschäftigen kann. Dein Kind lernt immer selbstständiger zu werden und mehr Verantwortung für sich zu übernehmen. Zeige deinem Kind, dass du immer da bist und es auffangen wirst, auch wenn es scheitert.

Du musst auch bei einem schulpflichtigen Kind nicht jeden Tag die Hausaufgaben kontrollieren. Überlasse hier ruhig deinem Kind die Verantwortung dafür. Je älter dein Kind wird, desto mehr Freiräume solltest du ihm zugestehen und ihm vertrauen. So gelingt dir das richtige Maß von „Festhalten" und „Loslassen" ganz gut.

Ein Patentrezept gibt es hier nicht. Wie viel du deinem Kind zutrauen kannst, hängt von dir als Mama und Papa ab.

- Was hast du selbst erlebt?
- Wie ist dein eigenes Sicherheitsbedürfnis?
- Wie ist der Entwicklungsstand deines Kindes?
- Wie sind die familiären Rahmenbedingungen?
- Wie ist das soziale Umfeld?

Diese Faktoren sind ausschlaggebend, wie sich dein Kind entwickeln kann.

Sichere Wurzeln und freie Entfaltung sind das A und O für dein Kind.

Positives Selbstbild

Entwicklung positiver Glaubenssätze

Was heißt Selbstbild? Selbstbild bedeutet, wie sich Menschen und Kinder selbst sehen und welche Meinung sie über sich bereits gebildet haben.

Kinder, die ein negatives Selbstbild von sich haben, äußern Sätze wie:

- „Ich bin dumm."
- „Ich kann nichts."
- „Mich mag keiner."
- „Ich bin nichts wert."
- „Ich muss ständig kämpfen."

Solche Sätze nennt man negative Glaubenssätze. Erschreckend ist, dass solche Aussagen schon von Kindergartenkindern oder Grundschülern kommen.

Hier darf man sehr feinfühlig sein, und alle Pädagogen, die etwas anderes behaupten, - denn solche habe ich auch kennengelernt -, haben keine Ahnung, wie sehr sich das auf das weitere Leben der Kinder auswirken kann. Oft kommen dann Äußerungen, man solle doch hier nichts hineininterpretieren oder überreagieren.

Es mag sein, dass manche hier schon den Teufel an die Wand malen und vor allem sehr sensible Eltern überreagieren, das wäre aber der falsche Weg. Jedoch sind solche Aussagen von Kindern ernst zu nehmen, denn sie haben bereits ein negatives Selbstbild von sich selbst.

In meinem Coaching lernen Kinder negative Glaubenssätze in positive Glaubenssätze zu verwandeln und somit wieder ein positives Selbstbild von sich zu bekommen. Bei Kindern ist dies noch wesentlich einfacher als bei Erwachsenen.

Denn je länger man ein negatives Selbstbild hat, umso länger kann es dauern, dies aufzulösen. Und wenn wir in unserer Gesellschaft seelisch gesunde Kinder haben wollen, dürfen wir zuallererst anfangen, den Kindern ein positives Selbstbild von sich selbst du vermitteln, damit sie wieder in ihre Mitte kommen, an sich glauben, wissen, dass sie gut genug und es wert sind geliebt zu werden.

Hier bist du als Elternteil ganz stark gefragt, dein Kind immer bedingungslos zu lieben, auch wenn es manchmal sehr schwierige Zeiten mit deinem Kind gibt / geben wird und du mit seinem Verhalten absolut nicht einverstanden bist. Deshalb formuliere in solchen Situationen immer, dass du das Verhalten nicht in Ordnung findest, dein Kind aber liebst. So kannst du es vermeiden, dass dein Kind schon in frühen Lebensjahren ein negatives Selbstbild von sich hat.

Ob man das jetzt glauben mag oder nicht, - im Leben hat alles mit den Gedanken zu tun.

Deine Gedanken erzeugen Gefühle / Emotionen, und daraus entstehen deine Handlungen. Aus deinen Handlungen ergeben sich deine Schlussfolgerungen und diese kreieren dein Leben. Was heißt das jetzt genau?

Wenn du deine Gedanken beobachtest und es schaffst sie zu kontrollieren, kannst du dir entweder ein negatives oder positives Leben erschaffen. Bist du ein positiv denkender Mensch, hast du auch positive Gefühle, handelst dementsprechend und hast somit auch eine positive Einstellung und ein angenehmes Leben.

Denkst du allerdings negativ, werden deine Emotionen negativ sein, und du handelst dann auch demzufolge danach. Das heißt, dass deine Sichtweise auf dein Leben weniger gut ausfällt und dein Leben nicht so angenehm ist.

Gedanken haben einen sehr großen Einfluss auf dein Selbstbild und deine Glaubenssätze. Kinder lernen am Modell, also vor allem von dir als Elternteil. Christian Bischoff (Life Coach) hat einmal in einem seiner Seminare gesagt:

„Du bist die Summe aus den 5 Menschen, mit denen du am meisten Zeit verbringst."

Bei einer Autofahrt hörte ich einmal einen grandiosen Podcast von Ali Mahlodji über dieses Thema. Und mein Fazit daraus war dieser eine entscheidende Satz von ihm: *„Wenn du einen Menschen hast, der an dich glaubt, kannst du alles schaffen."* Und dieser Satz war an unsere Kinder gerichtet. Es gibt viele Kinder, die nicht mehr an sich glauben, und es werden immer mehr, was mich sehr traurig stimmt. Aber es ist nicht so schwer dem Kind zu helfen, dass es wieder ein positives Selbstbild von sich bekommt.

Wenn dein Kind Sätze sagt wie:

- „Ich bin gut so wie ich bin."
- „Ich bin geliebt."
- „Ich mag mich."
- „Das habe ich gut gemacht."

dann kennt und fühlt es seinen Wert, kann seelisch gesund aufwachsen und ist gestärkt fürs Leben.

Wenn du als Elternteil schon vieles versucht und den Eindruck hast, du kommst nicht an dein Kind heran, dann begleite und unterstütze ich dich und dein Kind als ausgebildeter Familiencoach sehr gerne.

Schreibe mir einfach eine E-Mail an: manuelaknott@web.de

Besuche gerne meine Homepage: www.manuelaknott-coaching.de

Oder komme in meine private Facebookgruppe, in der sich Eltern genau zu solchen Themen austauschen und von mir Tipps bekommen:

SEELENHEIL - glückliche Familie statt ständige Sorgen und Kämpfe

Abschluss

Das Ergebnis einer Umfrage mit Kindern, was sie zum Glücklichsein brauchen

Was macht dich glücklich?

„Mit Freunden spielen und lesen."

„Zeit mit meinen Eltern."

„Mit meinen Eltern spazieren gehen."

„Ausflüge machen."

„Ins Kino gehen."

„Feste feiern und mich bei Fasching zu verkleiden."

„Fledermäuse anschauen."

„Geburtstag feiern."

„Wenn Kinder ohne Streit spielen."

„Meine Schwester öfter zu sehen."

„Viele Freunde zu haben."

„Später gut zu verdienen."

„Menschen im Altenheim zu besuchen."

„Wenn mein Papa ein Motorrad bekommt, dass ich mitfahren kann."

„Anderen zu helfen."

„Fußball zu spielen."

„Gesundes Essen und Fleisch von tiergerechter Haltung."

„Viele tolle Sachen erleben."

„Experimente zu machen."

„Mit meinem Bruder spielen."

„Mit Mama und Papa zu verreisen."

„Malen und Basteln."

„Mit meinen Eltern zu kuscheln."

„Teilen."

„Draußen zu spielen."

„TV schauen, am Tablet spielen."

„Viel Zeit zum Spielen."

„Schwimmen zu gehen."

„Frische Luft schnappen."

ÜBER DIE AUTORIN

Manuela Knott, 1984 in Straubing geboren und auf dem Land aufgewachsen, ist ausgebildete staatlich anerkannte Erzieherin, Systemischer Coach und Berater sowie Kinder- und Jugendcoach. Seit 2005 lebt sie in München und konnte in ihrer Arbeit mit Kindern und Eltern viele Erfahrungen sammeln. Als ausgeprägter Familienmensch ist es ihr ein großes Anliegen, Familien bei ihren täglichen Herausforderungen individuell zu begleiten und zu unterstützen. Dabei wird ihr überaus großes Engagement sehr geschätzt. Des weiteren ist sie in Kenia ehrenamtlich aktiv und reist regelmäßig zu ihrem Patenkind. Seit einem guten Jahr setzt sich die Autorin intensiv mit Persönlichkeitsentwicklung auseinander und besucht regelmäßig Seminare und Workshops, um ihr Wissen stetig auf den neuesten Stand zu bringen. Diese wertvollen Erkenntnisse integriert sie in ihre tägliche Arbeit und hat mittlerweile ihren eigenen, von Empathie und Humor geprägten frischen Beratungsstil entwickelt. Da die bereits begleiteten Familien von der Autorin und ihren Werten und Methoden sehr begeistert sind, entstand auf Nachfrage hin dieses Buch „Was Kinder zum Glücklichsein brauchen“.

Literaturverzeichnis und Quellen aus dem Internet

Hergenhan A. (23.05.2019). Handout Fortbildung: Systemische Bewältigung kindlicher Wut.
S. 59-61

Scheidle, W. (2019). Lob und Aktives Zuhören.
Abgerufen am 31. Oktober 2019, von

https://www.kindererziehung.com/Paedagogik/Erziehungsmassnahmen/Lob-und-Belohnung.php

https://www.kindererziehung.com/Paedagogik/Erziehungsmassnahmen/Aktives-Zuhoeren.php

kindererziehung.com/Paedagogik/Erziehungsmassnahmen/Lob-und-Belohnung.php

kindererziehung.com/Paedagogik/Erziehungsmassnahmen/Aktives-Zuhoeren.php

vgl. S. 29 ff – S. 35

https://www.deutsche-depressionshilfe.de/depression-infos-und-hilfe/depression-in-verschiedenen-facetten/depression-im-kindes-und-jugendalter

deutsche-depressionshilfe.de/depression-infos-und-hilfe/depression-in-verschiedenen-facetten/depression-im-kindes-und-jugendalter

S. 44

Haftungsausschluss

Die Verwendung der Informationen in diesem Buch und die Umsetzung derselben erfolgt ausdrücklich auf eigenes Risiko.Die Autorin kann für etwaige Unfälle und Schäden jeder Art, die sich bei der Umsetzung ergeben, aus keinerleiRechtsgrund die Haftung übernehmen. Haftungsansprüche gegen die Autorin für Schäden jeglicher Art, die durch dieNutzung der Informationen in diesem Buch bzw. durch die Nutzung fehlerhafter und/oder unvollständiger Informationenverursacht wurden, sind ausgeschlossen. Folglich sind auch Rechts- und Schadenersatzansprüche ausgeschlossen. DerInhalt dieses Werks wurde mit größter Sorgfalt erstellt und überprüft. Die Autorin übernimmt keine Gewähr und Haftungfür die Aktualität, Korrektheit, Vollständigkeit und Qualität der bereitgestellten Informationen. Druckfehler können nichtvollständig ausgeschlossen werden. Weiterhin beruht der Inhalt dieses Werks auf persönlichen Erfahrungen undMeinungen der Autorin. Der Inhalt darf nicht mit medizinischer Hilfe verwechselt werden.

Printed by Books on Demand GmbH, Norderstedt / Germany